Werner Steinigeweg

Weichfresser

Chinesische Nachtigall, Schamadrossel,
Brillenvogel, Bülbül, Beo und
andere Insekten-, Nektar- und Fruchtfresser
Artgerechte Haltung und Ernährung
Sonderkapitel: Zucht von Futtertieren

Mit 30 Farbfotos bekannter Tierfotografen,
30 Zeichnungen von Gertrud Thomas
und 6 Verbreitungskarten

W0235970

GU
Gräfe und Unzer

Die Farbfotos auf dem Buchumschlag zeigen:
Umschlagvorderseite: Chinesische Nachtigall
(Sonnenvogel).
Umschlagseite 2: Gangesbrillenvogel (Indischer
Brillenvogel).
Umschlagseite 3: Pärchen des Pagodenstars.
Umschlagrückseite: Oben: Beo und Silberohr-Sonnen-
vogel. Mitte: Gangesbrillenvogel (Indischer Brillenvo-
gel) und Rotohrbülbül. Unten: Pagodenstar und Schama
(Schamadrossel).

Die Fotografen:
Fischer: U 3; Lenz: Seite 45; Reinhard: Seite 17 u. r., 18,
27 oben, 46 u. l., u. r.; Scholtz/H. van Os: U 1; Scholtz:
U 2, Seite 17 u. l., 28, 46 oben, 79 o. l., u. l., 80, U 4;
Schrempp: Seite 27 u. l., u. r.; Wothe: Seite 17 oben, 79
o. r., u. r.

CIP-Kurztitelaufnahme der Deutschen Bibliothek

Steinigeweg, Werner:
Weichfresser: Chines. Nachtigall, Schamadrossel, Bril-
lenvogel, Bülbül, Beo u. andere Insekten-, Nektar- u.
Fruchtfresser; artgerechte Haltung u. Ernährung; Son-
derkap.: Zucht von Futtertieren / Werner Steinigeweg.
Mit 30 Farbfotos bekannter Tierfotogr., 30 Zeichn. von
Gertrud Thomas u. 6 Verbreitungskt. – 2. Aufl. – Mün-
chen: Gräfe und Unzer, 1991.
(GU-Tier-Praxis)

ISBN 3-7742-5046-4

2. Auflage 1991
© 1987 Gräfe und Unzer GmbH, München
Alle Rechte vorbehalten. Nachdruck, auch auszugs-
weise, sowie Verbreitung durch Film, Funk und Fernse-
hen, durch fotomechanische Wiedergabe, Tonträger und
Datenverarbeitungssysteme jeder Art nur mit schriftli-
cher Genehmigung des Verlages.

Redaktionsleitung: Hans Scherz
Redaktion: Renate Weinberger
Lektorat: Gisela Keil
Herstellung: Monika Gerretz
Kartographie: Gert Oberländer
Umschlaggestaltung: Heinz Kraxenberger
Satz und Druck des Textteils:
Buch- und Offsetdruckerei Wagner GmbH
Reproduktion und Druck der Farbbilder und des
Umschlags: Graphische Anstalt E. Wartelsteiner
Bindung: R. Oldenbourg

ISBN 3-7742-5046-4

Werner Steinigeweg
ist Tierarzt und Leiter der Presse- und Proto-
kollstelle der Tierärztlichen Hochschule Hannover. Er befaßt sich seit 25 Jahren mit der
Haltung und Zucht von einheimischen und
fremdländischen Singvögeln, wobei einigen der
in diesem Ratgeber vorgestellten Weichfressern, vor allem Brillenvögeln, sein besonderes
Interesse gilt. Er ist Autor zahlreicher
Veröffentlichungen in Fachzeitschriften.

Wichtig: Damit die Freude an Weichfressern
als Heimtiere ungetrübt bleibt, beachten Sie
bitte die »wichtigen Hinweise« auf Seite 99.

Inhalt

Inhalt

Ein Wort zuvor

Wer kennt nicht das Märchen von Hans Christian Andersen über »Die chinesische Nachtigall«, die mit ihrem »süßen Gesang« den Kaiser von China und sogar den Gevatter Tod bezaubert. Die Chinesische Nachtigall, auch Sonnenvogel genannt, gehört zu der großen Familie der exotischen Singvögel, die von Insekten, Früchten oder Blütennektar leben. Sie werden deshalb als Weichfresser bezeichnet.

Werner Steinigeweg – Tierarzt, Mitarbeiter an der Tierärztlichen Hochschule Hannover und Autor dieses Buches – hält und züchtet seit vielen Jahren Brillenvögel, Bülbüls, Sonnenvögel und andere Weichfresserarten. Er stellt in diesem praktischen Ratgeber 25 dieser exotischen Vögel vor, die häufig in menschlicher Obhut gehalten werden. Die Artenbeschreibungen enthalten spezielle Ratschläge zur Haltung und Zucht jeder Art sowie detaillierte Angaben über Herkunft, Aussehen, Verhalten und den typischen Gesang der Vögel.

Alle in diesem GU Ratgeber vorgestellten Weichfresser sind Wildvögel. Während domestizierte Vögel, zum Beispiel Kanarienvögel, an das Leben in menschlicher Obhut angepaßt sind, besitzen Wildvögel in Menschenhand noch fast alle Merkmale und den Verhaltensreichtum ihrer freilebenden Artgenossen, auch wenn sie bereits in zweiter oder dritter Generation gezüchtet worden sind. Das macht ihre Beobachtung besonders reizvoll.

An den Neststandort und die Ernährung stellen Weichfresser weit höhere Ansprüche als Körnerfresser. Läuft die Balz nicht ungestört ab, kommt es zu keiner Paarbildung. Für die Jungenaufzucht verlangen die Vogeleltern Futtertiere, die ihren natürlichen Beutetieren entsprechen.

Haltung, Pflege und Zucht Ihrer Weichfresser sind um so artgerechter und erfolgreicher, je genauer Sie sich mit Hilfe dieses Ratgebers informieren: Über die Unterbringung im Käfig, in einer Vogelvitrine, in der Vogelstube oder in der Freivoliere mit Vogelschutzhaus und nicht zuletzt über die Gewöhnung an das neue Heim. Sie finden wichtige Hinweise für die Einzel- und Gemeinschaftshaltung sowie Antworten auf spezielle Fragen zur Pflege, Haltung und Zucht. Sie erfahren, wie Krankheiten zu erkennen und zu behandeln sind. Neben ausführlichen Informationen über Grund-, Zusatz- und Lebendfutter bekommen Sie in einem Sonderkapitel eine leicht verständliche Anleitung zur Haltung und Zucht der verschiedenen Futtertiere.

Sind Ihre Vögel richtig versorgt und fühlen sie sich wohl, so sind die besten Voraussetzungen für eine Zucht geschaffen. Das notwendige Wissen dafür vermittelt Ihnen das Kapitel »Weichfresserzucht«. Noch ein Wort zum Artenschutz: Die in diesem Ratgeber beschriebenen Vögel unterliegen nicht internationalen oder nationalen Schutzbestimmungen. Jedoch eine ganze Reihe anderer Weichfresser, die ebenso gehalten werden können, wie die in diesem GU Ratgeber beschriebenen Vögel. Deshalb wird in diesem Buch auch ausführlich erläutert, was Sie als Vogelhalter über Artenschutzbestimmungen wissen müssen.

Autor und Verlag danken allen, die an diesem Buch mitgearbeitet haben: Gertrud Thomas für Ihre informativen Zeichnungen, den Fotografen für die attraktiven Tierfotos, Dr. Sigurd Raethel für die die Durchsicht des Kapitels »Gesunderhaltung und Krankheiten« und dem Rechtsanwalt Reinhard Hahn für die fachkundige Beratung zum Thema »Artenschutz«.

Was ist ein Weichfresser?

Der Begriff Weichfresser ist keine zoologische Bezeichnung, die auf eine verwandtschaftliche Zusammengehörigkeit der Vögel hindeutet, wie das zum Beispiel bei den Prachtfinken der Fall ist. Er faßt vielmehr Singvogelarten unterschiedlicher Gattungen zusammen, die alle – im Gegensatz zu Körnerfressern – nicht von Sämereien leben. Je nach ihrer bevorzugten Nahrung kann man Weichfresser untergliedern in:
- insektivore Arten, die von Insekten leben;
- frugivore Arten, die sich von Früchten ernähren;
- nektarivore Arten, die Blütennektar trinken.

Äußerlich lassen sich viele Körner- und Weichfresser anhand ihrer Schnabelform (→ Zeichnung) unterscheiden. Auch in ihrem Wesen sind feine Unterschiede zu verzeichnen: Weichfresser werden im Zusammenleben mit dem Menschen oft schneller zutraulich als die meisten Körnerfresser.

Die Schnabelform gibt einen Hinweis auf die Ernährungsweise: Weichfresser (links) haben einen schlanken, pfriemförmigen Schnabel, bei Körnerfressern (rechts) ist er kegelförmig ausgebildet.

Hinweis: Die in diesem Ratgeber beschriebenen Weichfresser sind – mit Ausnahme der hauptsächlich insektenfressenden Sänger (→ Seite 74) – eher Gemischtköstler, die von Art zu Art unterschiedliche Vorlieben beim Futter haben.

Voraussetzungen für die Weichfresserhaltung

Bevor Sie sich entschließen, Weichfresser zu halten, sollten Sie gewissenhaft prüfen, ob diese Vögel überhaupt in Ihr Leben passen. Denn jeder von ihnen stellt arteigene Ansprüche, die Sie erfüllen müssen, damit es Ihrem Pflegling gut geht und Sie viele Jahre Freude an ihm haben.

Tägliche Versorgung: Für einen Vogelpfleger gibt es keinen Ruhetag. Neben dem Zeitaufwand zum Füttern der Vögel und Reinigen des Käfigs oder der Voliere muß der Halter von Weichfressern auch Zeit für die Beschaffung und Pflege der Futtertiere aufbringen. Für die Urlaubszeit oder im Krankheitsfall muß die tägliche Versorgung der Vögel ebenfalls gesichert sein (→ Seite 7).

Futtertiere: Das Verfüttern von Lebendinsekten ist nicht jedermanns Sache, doch für die artgerechte Ernährung von Weichfressern erforderlich. Wenn Sie eine Abneigung gegen Insekten haben oder Ihnen deren Tod leid tut, sollten Sie besser keine Weichfresser halten.

Zusammenleben im Wohnbereich: Bei der Vogelhaltung in der Wohnung ist folgendes zu bedenken:
- Vermehrte Reinigungsarbeiten sind nötig, denn wenn Sie Ihre Vögel nicht in einer Vitrine halten, gelangen Federn und aufgewirbelter Staub durchs Gitter von Käfig oder Voliere. Beim Freiflug im Zimmer hinterlassen Weichfresser Kotkleckse, die wegen ihrer weichen Beschaffenheit nicht so leicht zu entfernen sind wie die von Körnerfressern. Und wenn Sie die Unterkünfte Ihrer Weichfresser nicht regelmäßig reinigen, können Geruchsbelästigungen die Folge sein.
- Unruhe hält mit den Vögeln Einzug in Ihr Leben, denn Vogelstimmen lassen sich nicht wie ein Radio abstellen. Manche nervöse Men-

schen empfinden auch das Herumhüpfen der Vögel im Käfig als Belästigung.

• Vorsicht bei Allergien! Wenn bei Ihnen oder einem Ihrer Familienangehörigen eine Allergie gegen Federstaub vorliegt, ist eine Vogelhaltung nicht möglich. Im Zweifelsfall: den Arzt fragen.

Haltung: Sie brauchen viel Geduld, bis ein Weichfresser zutraulich ist. Denken Sie daran, daß diese Vögel Wildtiere sind, die man nicht in dem Maße an menschliche Wohnverhältnisse anpassen kann wie einen Wellensittich oder einen Hund. Sie sind keine Schmusetiere, lassen sich nicht freiwillig berühren und kommen allenfalls auf die Hand, um einen Leckerbissen zu naschen.

Weichfresser brauchen einen ruhigen Käfigstandort und einen geregelten Tagesablauf. Lange Fernsehnächte in verqualmten Wohnzimmern, viel Besuch oder lärmende Kinder beeinträchtigen ihr Wohlbefinden.

Weichfresser und Kinder

Für kleinere Kinder, die gern durch Anfassen einen persönlichen Kontakt zum Tier herstellen möchten, sind Weichfresser ungeeignet. Schon Spielen der Kinder vor dem Käfig beunruhigt die Vögel sehr.

Größere Kinder mit Verständnis und Interesse an der Lebensweise der Vögel und Spaß am Beobachten können viel Freude an den Vögeln haben. Die Eltern sollten ihre Kinder behutsam und unter ständiger Kontrolle an Haltung und Fütterung der Vögel heranführen. Damit leisten Eltern einen wichtigen Erziehungsbeitrag und können in ihren Kindern Verständnis und Empfinden für unsere belebte Umwelt wecken.

Weichfresser und andere Heimtiere

Da Hund und Katze Jagdtiere sind, sollten Sie – auch nach sorgsamer Gewöhnung der Tiere aneinander – Ihre Vögel nicht frei im Zimmer fliegen lassen, wenn Hund oder Katze zugegen ist. Selbst im geschlossenen Käfig lassen Sie Weichfresser besser nicht unbeaufsichtigt mit Hund oder Katze allein im Zimmer, denn große Unruhe und Panik können bei den Vögeln zum Tod führen.

Kletternde Nager (zum Beispiel Streifenhörnchen) verursachen ebenfalls starke Unruhe oder beißen gar durchs Gitter zu.

Versorgung im Urlaub

Sogar eingewöhnte Weichfresser vertragen Störungen und Veränderungen in ihrem gewohnten Lebensrhythmus und Lebensraum schlecht. Daher sollten Sie die Vögel während Ihres Urlaubs möglichst in der gewohnten Umgebung lassen und eine zuverlässige Person bitten, sie zu versorgen. Ideal wäre es, wenn Sie einen erfahrenen Vogelliebhaber mit der Pflege beauftragen könnten, da dieser sich einerseits bei Problemen (einer Krankheit beispielsweise) zu helfen weiß, andererseits aber auch normale Vorgänge wie Mauser oder Gewöllespeien richtig deutet, ohne in Ratlosigkeit und Aufregung zu geraten.

Bei der Haltung in der Voliere wird eine »Urlaubsvertretung« immer nötig sein.

Einen einzelnen oder wenige Weichfresser können Sie bei Ihrem Zoofachhändler in Pension geben. Sofern Sie dafür den Vogel in einen kleineren, transportablen Käfig umquartieren müssen, ist es gut, das Tier bereits einige Tage vor der Abreise an seinem gewohnten Standort darin unterzubringen, damit es sich bereits eingelebt hat, wenn es auf die Reise geht.

Überlegungen vor der Anschaffung

Hinweis: Einen Beo mit Familienanschluß bringt man besser in einer Familie unter, denn er könnte unter der Einsamkeit leiden.

Einzel- oder Paarhaltung?

Diese Frage läßt sich für die Weichfresser nicht einheitlich beantworten. Es gibt verträgliche Arten wie Brillenvögel, die sowohl mit Artgenossen als auch mit Artfremden vergesellschaftet werden können, aber auch absolute Einzelgänger wie Schamas. Einen Überblick über das Wesen der Vögel gibt die untere Tabelle, genau informieren die Beschreibungen der beliebten Arten auf Seite 70. Ausnahmen sind nicht ungewöhnlich.

Ein Einzelvogel wird meist zahmer als in einer Gruppe gehaltene Vögel. Wenn Sie einen Weichfresser einzeln halten, der von Natur aus gesellig lebt – also in Gruppen oder Schwärmen – braucht er Ihre Gesellschaft. Sie müssen ihm durch viel Zuwendung den Partner ersetzen – und das viele Stunden am Tag.

Eigenschaften der verschiedenen Arten

Da sich die Weichfresser in ihren Eigenschaften (Gesang, Aussehen, Verhalten, Ansprüche an die Haltung) zum Teil erheblich von einander unterscheiden, sollten Sie sich vor dem Kauf genau über die gewünschte Art informieren.

Die Arten im Überblick

Art	Futter	Stimme	Verträglichkeit
Sonnenvogel	Insekten, Früchte	klangvoller, lauter Gesang, allerdings etwas eintönig und nicht variabel	gesellig, verträglich auch gegenüber kleineren Arten, sollte paarweise gehalten werden
Schama	Insekten	abwechslungsreicher wohlklingender Gesang, große Spottbegabung; auch die Weibchen singen	Einzelgänger mit ausgeprägtem Revierverhalten, im Käfig nur Einzelhaltung möglich; Paare in Voliere sorgsam aneinander gewöhnen
Brillenvogel	Früchte, Blütennektar, Insekten	leiser, angenehmer Gesang	sehr verträglich, außer wenn ein festes Paar mit Artgenossen gemeinsam untergebracht wird
Goldstirn-Blattvogel	Blütennektar, Früchte, Insekten	kräftiger, abwechslungsreicher Gesang, gutes Imitationsvermögen	sehr streitsüchtig, vor allem gegen Artgenossen und -verwandte; selbst Paare sind nur schwer aneinander zu gewöhnen
Rotohrbülbül	Früchte, Insekten	klangvolle Rufe, aber kein eigentlich lauter Gesang	verträglich, stiftet aber wegen seines stürmischen Verhaltens in Gemeinschaftsvolieren häufig Unruhe; Paare sind gegen Artgenossen und -verwandte sehr aggressiv; wird bei Einzelhaltung meistens mit der Zeit sehr zahm; sollte aber besser paarweise gehalten werden
Beo	Früchte, Insekten	laute (!) Rufe, hervorragende Imitationsbegabung (guter Sprecher)	sehr gesellig, wird aber meistens einzeln gehalten; wird dann sehr zahm, verlangt jedoch viel Aufmerksamkeit und Zuwendung

Ratschläge für den Vogelkauf

Wo Sie Weichfresser bekommen

Zoofachhändler: In der Regel wird man einen Weichfresser beim Zoofachhändler kaufen. Dies hat manche Vorzüge: Sie können den Vogel selbst aussuchen und sich zugleich im Laden einen Eindruck von seinem gesundheitlichen Zustand verschaffen, aber auch von den Bedingungen, unter denen er bis dahin gelebt hat. Der Transport vom Geschäft zu Ihnen nach Hause ist meist kurz und daher für den Vogel besonders schonend. Sollten Probleme bei der Eingewöhnung oder später auftauchen, so haben Sie in Ihrem Zoofachhändler einen meist fachkundigen Ansprechpartner. Oft ist das Angebot an Weichfressern in Zoofachhandlungen jedoch begrenzt. Falls der Zoofachhändler den gewünschten Vogel nicht beschaffen kann, müssen Sie sich nach einer anderen Bezugsquelle umschauen.

Badender Beo. Beos lieben es, ausgiebig und nach Herzenslust zu planschen. Da sie dabei viel herumspritzen, sollte ihre Badeschale am Boden und möglichst weit weg von Möbeln stehen.

Hinweis: Achten Sie beim Kauf eines Weichfressers unbedingt darauf, ob der Vogel den Artenschutzbestimmungen unterliegt oder nicht (→ Artenschutz, Seite 70). Wenn Sie einen geschützten Vogel halten wollen, müssen Sie die dort angeführten Bestimmungen genau einhalten.

Versandhändler: Bei ihm können Sie einen Weichfresser bestellen. Der Vogel wird Ihnen per Bahn- oder Postexpreß zugeschickt. Nachteile: Sie wissen nicht, in welchem Zustand sich der Vogel befindet und welche Vorgeschichte er hat. Der stundenlange Transport zieht sich oft über die ganze Nacht hin und kann den Vogel beträchtlichen Temperaturunterschieden aussetzen. Dies alles ist eine erhebliche Belastung für ihn. Wegen des geringen Angebots ist der Versandhandel aber oft der einzige Weg, einen Weichfresser von bestimmter Art- oder Geschlechtszugehörigkeit zu bekommen.
Hinweis: Sie sollten sich (zum Beispiel bei erfahrenen Vogelliebhabern) nach seriösen Versandhändlern erkundigen, die nur sorgfältig eingewöhnte Tiere in gutem Zustand und unter besten Transportbedingungen versenden.
Züchter: Bei ihm erhalten Sie einen gut eingewöhnten Weichfresser, der in menschlicher Obhut aufgewachsen und an das entsprechende Futter gewöhnt ist. Da die Weichfresserzucht aber noch nicht alltäglich ist, wird dieser Weg eher die Ausnahme sein. Kontakte zu Züchtern lassen sich gut über die auf Seite 97 genannten Vereinigungen finden.
Fachzeitschriften: In einschlägigen Fachzeitschriften (→ Adressen, Seite 97, 99) werden regelmäßig Weichfresser angeboten. In diesen Inseraten wird die Anzahl der männlichen und weiblichen Vögel meist durch eine Zahlenkombination ausgedrückt; 1,2 bedeutet: 1 Männchen und 2 Weibchen; 0,3: 3 Weibchen. Als Vogelliebhaber sollten Sie die Mühe auf sich nehmen, den Vogel beim Inserenten persönlich abzuholen. So können Sie sich über die bisherigen Haltungsbedingungen informieren; auf diese Weise bleibt dann dem Vogel auch der anstrengende Transport per Bahn oder Post erspart.

Wie Sie einen gesunden von einem kranken Vogel unterscheiden

Nicht jede Krankheit läßt sich auf den ersten Blick erkennen. Es gibt jedoch Anhaltspunkte, die einen ersten Aufschluß über den Gesundheitszustand eines Weichfressers geben können. Wenn Sie noch keine Erfahrung in der Vogelhaltung haben, ist es das beste, zum Kauf einen fachkundigen Vogelhalter mitzunehmen, der bei der Auswahl des richtigen Vogels hilft.

Kontaktsitzen eines Sonnenvogel-Paares. Selbst beim Freiflug im Zimmer kommen die Partner immer wieder zu Kuschelpausen zusammen.

Ihr erster Blick sollte der Unterbringung des Vogels gelten. Futter und Trinkwasser müssen frisch sein. Die Vögel dürfen nicht in unzureichenden, verschmutzten oder überbesetzten Käfigen untergebracht sein.
Beobachten Sie den Vogel oder die Gruppe eine Zeitlang. Wenn sich mehrere Vögel derselben Art im Käfig befinden, achten Sie auf Kennzeichen wie Farbunterschiede oder fehlende Federn, damit Sie den Vogel Ihrer Wahl wiedererkennen, wenn Sie ihn sich aus dem Käfig herausfangen lassen möchten.
Verhalten: Ein gesunder Vogel ist lebhaft, beschäftigt sich mit seinen Artgenossen und

nimmt aufmerksam Anteil an seiner Umgebung. Angst ist bei einem Wildvogel kein schlechtes Zeichen. Im Gegenteil: Wenn ein Vogel teilnahmslos auf seiner Stange sitzt und vor dem Betrachter oder gar dessen Hand kaum zurückweicht, so ist dieser Vogel mit großer Wahrscheinlichkeit krank. Selbst ein zahmer Weichfresser läßt sich nicht freiwillig in die Hand nehmen. Kranke Vögel sitzen häufig mit aufgeplustertem Gefieder vor dem Napf und stochern matt im Futter herum, ohne tatsächlich Nahrung aufzunehmen.
Gefieder: Das Gefieder eines gesunden Vogels liegt glatt dem Körper an. Gesträubtes oder struppiges Gefieder oder verklebte Federn im Bereich der Kloake sind ein Hinweis auf eine Gesundheitsstörung. Kahle Stellen im Gefieder oder abgebrochene Schwanz- und Schwungfedern hingegen sind oft durch beengte Haltung oder den Transport verursacht. Ausgerissene Federn wachsen bei einem gesunden Vogel innerhalb einiger Tage nach, und zerstoßenes Großgefieder wird bei der nächsten Mauser ersetzt.
Füße: Sie müssen glatt und sauber sein, ohne eine vermehrte Hornschuppenbildung (→ Zeichnung, Seite 60), ohne Entzündungen und Geschwüre oder zu lange Krallen (→ Zeichnung, Seite 15). Fußkrankheiten sind bei Vögeln nur schwer heilbar. Lassen Sie sich die Füße daher noch einmal aus der Nähe zeigen, wenn der Zoofachhändler den Weichfresser Ihrer Wahl herausgefangen hat.
Ernährungszustand: Bitten Sie den Verkäufer bei dieser Gelegenheit, gleichzeitig den Ernährungszustand des Vogels zu prüfen. Die Brust muß gut bemuskelt sein, und das Brustbein darf keinesfalls scharf hervortreten. Der Bauch ist dagegen bei einem Vogel in guter Verfassung leicht eingefallen. Ein kleines Fettpolster ist nicht so tragisch, von außen sichtbare oder fühlbare pralle Eingeweide sind dagegen Anzeichen für eine schwere innere Krankheit.

Die Unterbringung

Käfig oder Voliere sollen für Ihre Weichfresser ein Lebensraum sein, in dem sie Geborgenheit finden und sich wohl fühlen. Daher ist es wichtig, das Vogelheim so zu gestalten, daß es
- den Bedürfnissen der Vögel und ihrer natürlichen Lebensweise gerecht wird,
- problemlos gereinigt werden kann
- und den Betrachter erfreut.

Wenn Ihre Vogelunterkunft diese Bedingungen erfüllt, werden Ihre Weichfresser auch nach einem Freiflug im Zimmer wieder gerne dorthin zurückkehren.

Der richtige Standort

Bei der Wahl des Standorts von Käfig oder Voliere werden Sie von Ihren persönlichen Wünschen und den räumlichen Gegebenheiten ausgehen. Beides sollten Sie mit den Bedürfnissen Ihres Weichfressers in Einklang bringen, denn viele Vögel reagieren bereits auf minimale Veränderungen und Störungen in der Nähe ihres Käfigs mit Nervosität und Angst.

Richtlinien für den Käfigstandort

Bedürfnisse der Vögel	Empfohlener Standort
gleichmäßige Lebensbedingungen, wenig Beunruhigungen (Kinder, Haustiere!), ungestörte Nachtruhe	ruhig, in Augenhöhe; nicht in Nähe eines Fernsehapparates
Schutz und Deckung	nicht frei im Raum: an einer Wand oder in einer Ecke
frische Luft (aber keine Zugluft!)	in Fensternähe
Licht, ausreichende Tageslichtlänge (12 bis 14 Stunden)	in Fensternähe, sonst künstliche Beleuchtung (→ Seite 21)

Der richtige Käfig

Für einen einzelnen Weichfresser ist die Unterbringung im Käfig eine preiswerte und wenig aufwendige Haltungsform, sie gibt ihm allerdings auch den geringsten Bewegungsspielraum.

Ein Käfig erübrigt sich aber auch nicht, wenn Sie mehrere Weichfresser in einer Vogelstube oder Voliere untergebracht haben. Dann benötigen Sie ihn
- zur Eingewöhnung von neuen Vögeln,
- für die Quarantäne kranker Weichfresser (→ Seite 56),
- für die vorübergehende Unterbringung rivalisierender Vögel (zum Beispiel während der Brutzeit)
- und als Ersatzgehege für alle Ihre Weichfresser, wenn Sie die Voliere renovieren.

Im Zoofachhandel finden Sie ein reichhaltiges Angebot an Käfigen, die für die Weichfresserpflege geeignet sind. Bei der Auswahl sollten Sie folgende Kriterien beachten:

Größe: Ein Käfig für Vögel kann nie groß genug sein. Zumindest müssen sie die Möglichkeit haben, beim Hüpfen von Sitzstange zu Sitzstange ihre Flügel zu gebrauchen. Entscheidend dafür ist die Käfiglänge, die Käfighöhe spielt eine untergeordnete Rolle. Wenn Sie Ihren Weichfresser täglich im Zimmer fliegen lassen, genügt ein Käfig mit den in der Tabelle auf Seite 12 angegebenen Mindestmaßen. Diese Maße sollten Sie möglichst weit überschreiten, wenn Ihr Weichfresser wenig Gelegenheit zum Freiflug erhält, oder wenn Sie mehrere Vögel in einem Käfig halten.

Hinweis: Die üblichen kleinen Drahtbauer für Wellensittiche oder Kanarienvögel sind für Weichfresser zu klein.

Form: Ein Weichfresserkäfig sollte eine geradlinige, rechtwinkelige Form haben, ohne Erker und Türmchen. Jeder überflüssige Zierrat schränkt die Vögel in ihren Bewegungen ein und kann zu Verletzungen führen. Die Grundfläche des Käfigs sollte rechteckig sein, der Käfig selbst eher breit als tief, damit die Vögel beim Hantieren zur Seite ausweichen können. Runde Käfige sind ungeeignet.

Mindestmaße für Käfige

(Breite × Tiefe × Höhe; Maßangaben abgerundet)

Art	Einzelhaltung	Paarhaltung
Brillenvogel	nicht möglich	60 × 30 × 50 cm
Sonnenvogel	nicht ratsam	80 × 50 × 50 cm
Blattvogel	60 × 40 × 60 cm	nur in Voliere
Bülbül	nicht ratsam	80 × 50 × 50 cm
Schama	60 × 40 × 60 cm	nur in größeren Volieren
Beo	80 × 50 × 50 cm	nur in größeren Volieren

Drahtbauer

Drahtbauer bestehen aus einem Gitteroberteil und einer Bodenschale aus Plastik, in die eine Kunststoffschublade eingearbeitet ist. Sie sind leicht zu pflegen und hygienisch. Käfige mit einer Bodenwanne ohne Schubladen sind umständlicher zu reinigen und deshalb für Weichfresser, deren Einstreu oft gewechselt werden muß, nicht so praktisch.

Gitterstäbe: Sie sollten bei einem Weichfresserkäfig zumindest an zwei Seiten senkrecht angeordnet sein. Im Gegensatz zu kletternden Sittichen finden Weichfresser an ihnen besseren Halt als an waagrechten Gitterstäben. Die Stäbe dürfen nicht zu weit auseinanderstehen –

das hängt von der Größe der Vögel ab –, damit sie nicht den Kopf hindurchstecken können und sich strangulieren.

Hinweis: Die Gitterstäbe müssen verchromt oder kunststoffüberzogen sein. Bei Gitterstäben aus Kupfer oder Messing droht Vergiftungsgefahr durch Grünspanbildung.

Türen: Der Käfig sollte möglichst viele Türen haben, damit Sie leicht mit der Hand alle seine Bereiche erreichen können. Empfehlenswert: Zwei Türen an der Front und je eine an beiden Seiten.

Kistenkäfig

Kistenkäfige werden im Zoofachhandel häufig als Weichfresserkäfige bezeichnet, weil sie sich für die Haltung dieser Vögel besonders eignen. Boden, Decke, Rückseite und die Seiten dieser Käfige sind aus Holz oder Kunststoff, die Front besteht aus Gitterstäben oder einer Kombination aus Gitter und Glas (→ Zeichnung, Seite 13). Da sie nur nach einer Seite offen sind, dringt weniger Schmutz aus dem Käfig als beim Drahtbauer. Außerdem geben sie den in der Natur im Gebüsch lebenden Weichfressern ein besonderes Gefühl der Geborgenheit.

Tips zum Selberbauen: Als Material eignen sich kunststoffbeschichtete Spanplatten; Brettstärke 9 mm ausreichend für Käfige bis zu 1 m Länge, Farbe weiß günstig (größere Helligkeit für Vögel und bessere Sicht für Betrachter). Für die Front fertige Vorsatzgitter mit eingebauten Türen (im Zoofachhandel erhältlich). Bei Eigenbau Holzrahmen mit kunststoffbeschichtetem Maschendraht bespannen, Türen nicht vergessen! Schubladen: Plastikschubladen (Zoofachhandel), aus Zinkblech (vom Klempner anfertigen lassen) oder selbstgefertigt aus Holz (allerdings besonders pflegebedürftig!).

Möglichst fugenfrei bauen; Ritzen bieten vor allem Außenparasiten wie Milben Verstecke und sind schwer zu desinfizieren; unbeschichtete Holzteile lackieren.

Vogelvitrine

Sie ist eine Variante des Kistenkäfigs mit einer Glasscheibe als Front sowie Türen und Belüftungsschlitzen oder -gittern an der Seite. Sicherheitshalber sollten Sie eine zweite Glasscheibe bereithalten, damit bei Glasbruch sofort ein Ersatz zur Hand ist.

Vorteile:
• Die Vögel können ohne störendes Gitter durch die Glasscheibe gut betrachtet werden.
• Schmutz kann nicht ins Zimmer dringen.
• Bei Bespannung der Lüftungsöffnungen mit Fliegendraht können Insekten lebend verfüttert werden.

Nachteile:
• Erhöhter Pflegeaufwand: Glasscheibe verschmutzt schnell und sieht dann unschön aus; muß daher häufig geputzt werden.
• Scheue Vögel fühlen sich hinter einer Glasscheibe weniger geborgen; flattern bei jeder Störung aufgeregt umher.
• Durch die Glasscheibe stellen Weichfresser weniger schnell einen Kontakt zum Pfleger her; manche bleiben in der Vitrine immer scheu und ängstlich.

• Hygienische Probleme können sich ergeben bei unzureichender Lüftung der Vitrine.

Der Biotopkäfig ist eine reich bepflanzte Vitrine, die den Vögeln einen naturnahen Lebensraum schaffen will. Achtung: Hoher Pflegeaufwand; Kotflecken und Bißstellen machen die Pflanzen bald unansehnlich. Durch die Blumenerde können sich die Vögel mit Darmparasiten und Schimmelpilzen infizieren. Besser: Die Umgebung von Käfig oder Vitrine reichlich mit Pflanzen ausstatten, in denen sich die Weichfresser beim Freiflug im Zimmer austoben können.

Die Zimmervoliere

Im Zoofachhandel werden oft auch die großen Käfige unter der Bezeichnung Zimmervoliere angeboten. An dieser Stelle sind aber Volieren gemeint, in denen die Vögel wirklich eine kleine Strecke fliegen können (Maße zum Beispiel: 200 × 100 × 100 cm). Diese geräumigen Unterkünfte entsprechen der Lebensweise von Weichfressern sehr gut. Die Vögel sind darin

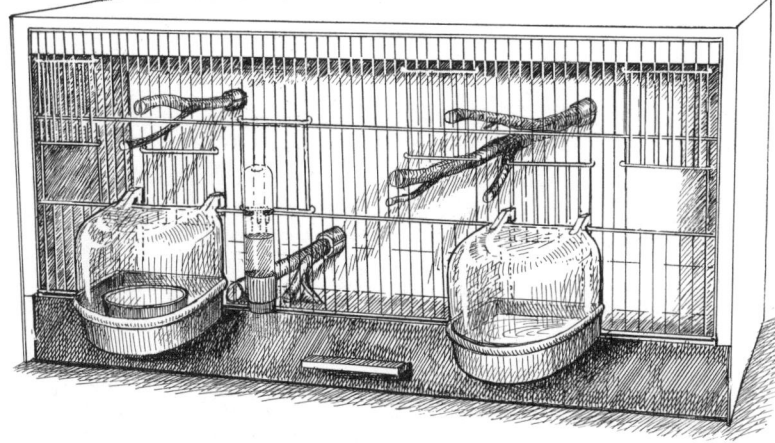

Ein Kistenkäfig eignet sich besonders gut für die Unterbringung von Weichfressern. Wichtig bei der Ausstattung: Schublade, viele Türen, Badehäuser für Wasser und Futter, Trinkröhrchen und Naturzweige. Sitzstangenhalter in der Käfigwand erleichtern das Auswechseln der Zweige.

aktiver, und wie bei uns Menschen wirkt bei ihnen Bewegung stoffwechselsteigernd; die Vögel neigen weniger zur Verfettung und haben eine bessere Kondition. Daher sind Zimmervolieren – auch für nur einzeln oder paarweise gehaltene Weichfresser – sehr zu empfehlen. Der Zoofachhandel führt ein reiches Angebot an Zimmervolieren, und zwar als Komplettvolieren oder in Form variabler Fertigteile nach dem Baukastensystem, die Sie nach Ihrem individuellen Geschmack zusammensetzen können. Handwerklich Geübte können eine Zimmervoliere – angepaßt an die räumlichen Gegebenheiten – selber bauen. Achten Sie dabei vor allem auf folgendes:
• Genügend räumliche Tiefe, damit Ihre Weichfresser wirklich fliegen können.
• Zugang zu allen Teilen der Zimmervoliere, zum Beispiel durch eine große Türe, mehrere kleinere Türen oder durch Abnehmbarkeit einer Volierenseite.

Einrichtung von Käfig und Zimmervoliere

Sitzstangen
Gute Sitzmöglichkeiten sind eine Voraussetzung für gesunde Beine und Füße. Als Sitzgelegenheit sollten Sie Ihren Weichfressern Naturzweige anbieten. Die handelsüblichen Sitzstangen aus Hartholz und Plastik sind nur für den Quarantänekäfig (→ Seite 56) zu empfehlen. Im täglichen Gebrauch können Ihre Vögel Gelenkschäden und Druckstellen an den Fußsohlen davontragen, denn diese Sitzstangen geben beim Aufspringen nicht federnd nach, ihr gleichförmiger Durchmesser und ihre meist parallele Anordnung belasten Beine und Füße sehr einseitig.
Naturzweige dagegen federn bei richtiger Anbringung und bedingen durch ihre unregelmäßige Form eine stets wechselnde Fußstellung. Durch ihre rauhe Oberfläche bieten sie außerdem den Krallen eine gute Reibefläche, so daß das Krallenschneiden sich erübrigt. Geeignet sind die Zweige von Obstbäumen (ungespritzt!) und anderen Laubgehölzen, zum Beispiel Birken, Weiden, Holunder. Zweige niemals am Straßenrand pflücken (Autoabgase!).

Kleine Zimmervoliere. Die Rollen ermöglichen es, die Voliere bei sonnigem Wetter auf den Balkon oder die Terrasse zu schieben. Die abgebildeten Volierenbewohner: Rotohrbülbüls.

Der Durchmesser der Zweige muß so groß sein, daß die Zehen des Vogels sie nicht umfassen können (→ Zeichnung), so werden seine Krallen richtig abgenutzt, ein Krallenschneiden wird nicht nötig.

Der Durchmesser der Sitzstangen muß so bemessen sein, daß die Zehen sie nicht ganz umfassen. Dadurch werden die Krallen gut abgenutzt. Links: richtiger Durchmesser; rechts: zu geringer Durchmesser.

Anordnung: Käfige und Volieren nicht mit Zweigen überladen, damit den Vögeln Platz zum Fliegen bleibt. Die unteren Zweige sollten Sie so anordnen, daß sie von höheren Sitzplätzen aus nicht beschmutzt werden können. Damit ersparen Sie sich einen häufigen Wechsel. Weichfresser schlafen am liebsten im oberen Teil des Käfigs; wenn Sie mehrere Vögel haben, müssen Sie dort für genügend Schlafmöglichkeiten (= Sitzzweige) sorgen.
Befestigung: Je nach Käfigart gibt es unterschiedliche Halterungen.
Im Drahtbauer können die Zweige mit speziellen Halterungen (im Zoofachhandel erhältlich) oder mit Draht an den Gitterstäben befestigt werden.
Im Kistenkäfig und in der Vitrine Zweige in speziellen Sitzstangenhalterungen befestigen oder Kabel- oder Rohrschellen an der Rückwand anbringen; in sie werden die Zweige gesteckt und können leicht ausgewechselt werden. Weitere Möglichkeit: Die Zweige an Drähten aufhängen, die an Schraubösen in der Käfigwand beziehungsweise -decke befestigt werden. Die Drähte verringern zugleich die lästigen Sprunggeräusche der Vögel, da die Kä-

figkiste bei direkter Anbringung die Geräusche wie ein Resonanzboden verstärkt.
In der Zimmervoliere werden die Zweige – je nach Bauweise der Voliere – wie im Drahtbauer, in Kistenkäfig und Vitrine angebracht.

Futtergefäße
Der Zoofachhandel bietet eine große Vielfalt von Keramik- und Plastiknäpfen an. Nehmen Sie standfeste lasierte Keramiknäpfe, denn die Vögel sitzen bei der Futteraufnahme gerne auf dem Napfrand. Die optimale Form ist eine runde, flache Schale: Rund, weil sie sich leichter reinigen läßt, als ein Gefäß mit Ecken; flach, weil die Vögel so leichter Schmackhaftes heraussuchen können. Lebende Insekten sollten Sie allerdings in höheren Näpfen mit einer glatten Innenseite reichen, damit die Futtertiere nicht herauskriechen können.

Trinkgefäße
Ihre Weichfresser brauchen täglich frisches Trinkwasser, am besten in Trinkröhrchen, da das Wasser darin weniger leicht verschmutzt wird als in offenen Näpfen.
Es gibt für Nektarersatz besondere Röhrchen aus dunklem Glas mit einem angesetzten Trinkstutzen, durch den die Vögel die Flüssigkeit mit ihrer Pinselzunge aufsaugen können (→ Zeichnung, Seite 23). Die dunkle Tönung verlängert die Haltbarkeit der zugesetzten Nährstoffe, von denen einige (zum Beispiel viele Vitamine) bei direkter Lichteinwirkung schnell zerfallen würden. Der Schnabel der meisten Weichfresser ist kürzer und kräftiger als der von Kolibris und Nektarvögeln, für die diese Röhrchen eigentlich angeboten werden. Wählen Sie deshalb nur solche Röhrchen aus, deren Saugstutzen kurz und weit genug ist.
Hinweis: Stecken Sie die Röhrchen immer sorgfältig zusammen und überprüfen Sie täglich, ob sie noch intakt sind, damit sie nicht unbemerkt auslaufen.

Aufstellung der Futter- und Trinkgefäße
Ihr Inhalt darf nicht durch Kot, Badewasser oder Sand verschmutzt werden. Wenn Sie bei Käfigen und Zimmervolieren die Futternäpfe in (trockene!) Badehäuser stellen (→ Zeichnung, Seite 13), bleibt das Futter sauber, und Sie brauchen zum Füttern nicht mit der Hand in den Käfig zu langen. Das erspart ängstlichen Vögeln manche Aufregung.

Badegefäße
Alle Weichfresser baden gerne. Da sie die Badeschüssel aber nicht nur zur Körperpflege, sondern auch zum Trinken benutzen, müssen Sie das Badegeschirr täglich reinigen und frisches Wasser zugeben.
Badehaus: Wählen Sie ein Badehaus, das Sie auseinandernehmen können, es ist leichter zu reinigen. Offene Schalen sind für die Haltung im Käfig oder in der Zimmervoliere wenig zu empfehlen, da die Vögel wüste Planscher sind, aber auch, weil das Wasser durch Futterreste, Kot und Sand verschmutzt und von Keimen besiedelt werden kann.
Standort: Vögeln wie Schamas, die lieber am Boden baden, sollten Sie das Badehaus auf den Boden stellen (→ Zeichnung, Seite 9). Wipfelbewohner (Blattvögel, Brillenvögel, Bülbüls) bevorzugen hingegen erhöht angebrachte Badestellen.

Bodenbelag
Der Boden ist die Sammelstelle für die Ausscheidungen, wird aber zugleich von den Vögeln zum Laufen, Hüpfen und zur Nahrungssuche aufgesucht. Da der Kot von Weichfressern oft sehr feucht ist – vor allem bei reichlicher Frucht- und Nektarnahrung – muß der Bodenbelag häufiger als bei Körnerfressern gewechselt werden, um Geruchsbildung und ein Keimwachstum zu verhindern.
Ein guter Bodenbelag sollte staubarm, saugfähig und fußfreundlich sein und für Bodenvögel Steine, Moospolster, Laub, Rinden und dergleichen enthalten.
Vogelsand: Nur wenn hoch geschichtet, ausreichende Saugfähigkeit für Weichfresserkot.
Mineralische Katzenstreu: Staubig, Gefahr für Atemwege; hohe Saugfähigkeit; gut für fruchtfressende Weichfresser, die selten auf den Boden kommen (Brillen- und Blattvögel); nicht empfehlenswert für bodenlebende Arten wie Schamas.
Walderde: Wertvolle Quelle für Mineralstoffe und Kleinlebewesen; im feuchten Zustand aber guter Nährboden für Krankheitserreger, im trockenen Zustand sehr staubig; besser: Walderde (auch kleine Grassoden) gesondert in flachen Schalen anbieten.
Fließpapier, Küchentuch, Zellstoff: Hohe Saugfähigkeit; muß täglich gewechselt werden; leicht zu wechseln; gute Möglichkeit, regelmäßig den Kot zu kontrollieren.

Die Vogelstube und ihre Einrichtung

Geradezu ideal ist es, wenn Ihre Weichfresser ein eigenes Zimmer zur Verfügung haben. Ein solches Vogelzimmer kann als Flugraum hergerichtet oder in mehrere Volieren unterteilt werden. Bei der Einrichtung der Vogelstube gibt es einiges zu beachten.
Wände: Wände mit Latexfarbe streichen oder kacheln. Nicht tapezieren, da Tapeten sich schlecht reinigen lassen, die Vögel an ihnen herumknabbern und sich Ungeziefer hinter ihnen verbergen kann.

▷

Stare.
Oben: Der besonders farbenprächtige afrikanische Dreifarbenglanzstar, *Lamprospreo superbus*; unten links: Beo, *Gracula religiosa*; unten rechts: Prachtglanzstar, *Lamprotornis splendidus*.

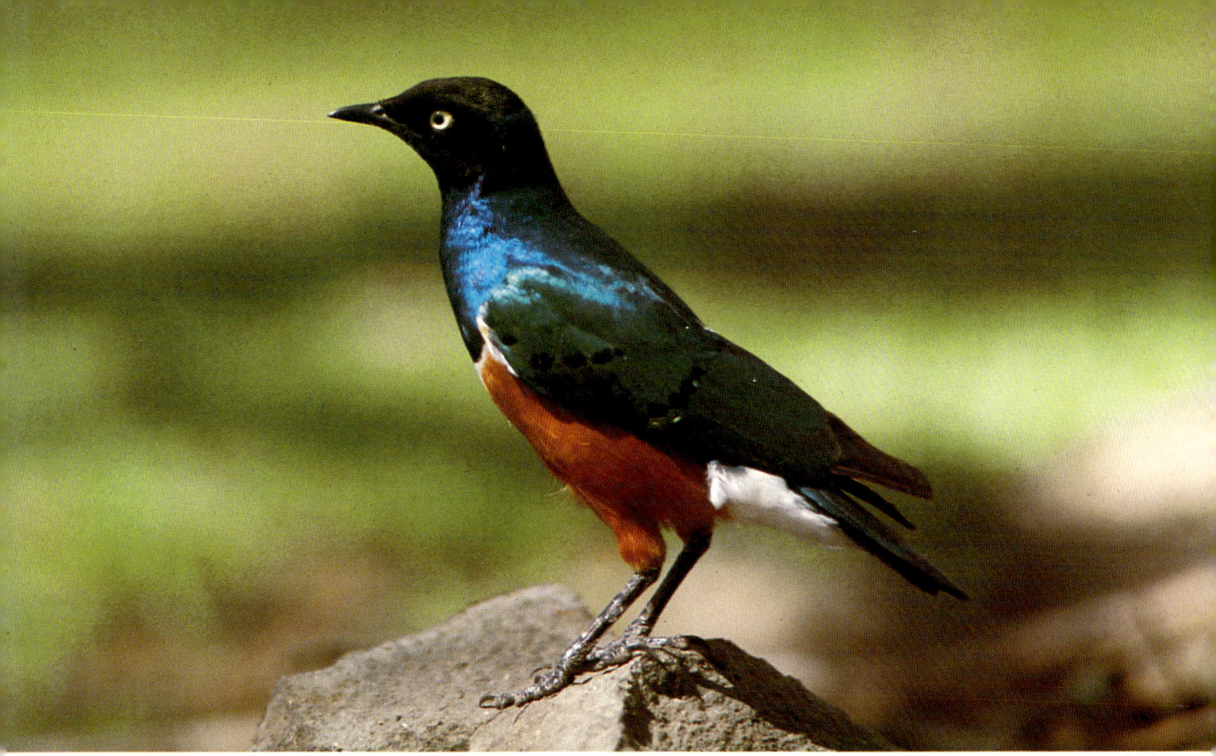
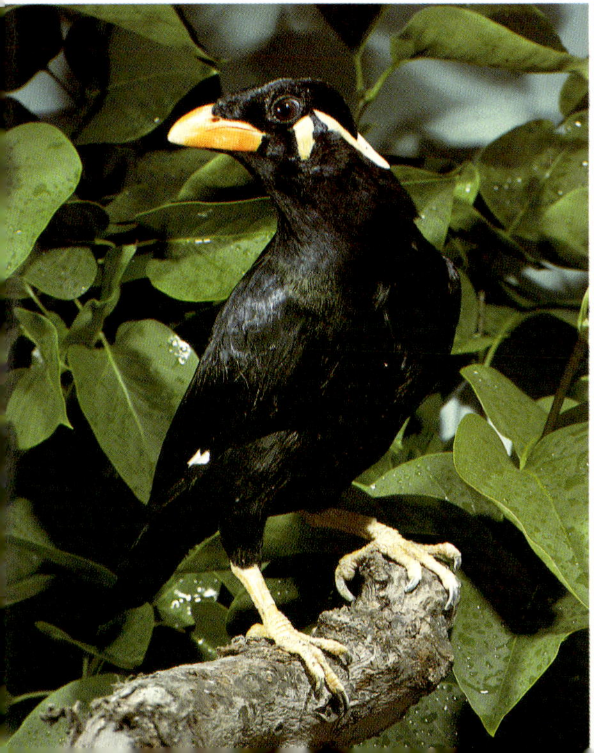
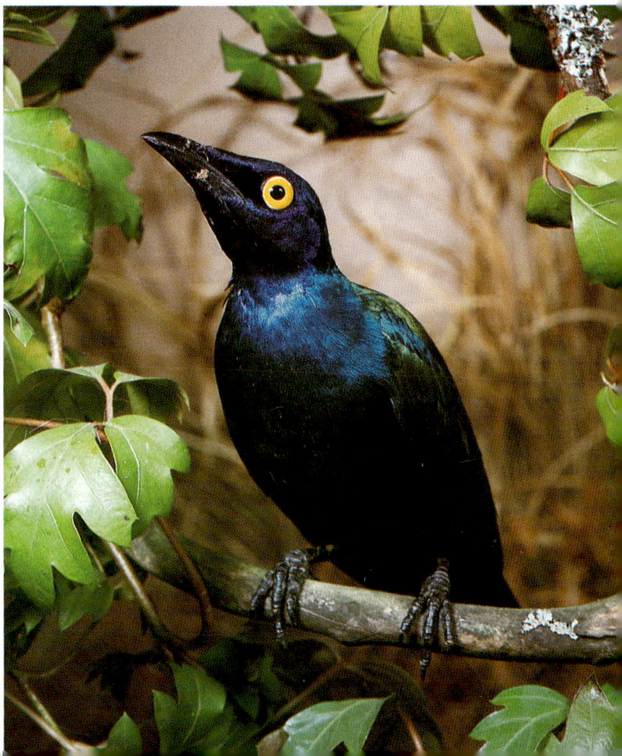

Zweige und Pflanzengruppen: Auf einige Stellen beschränken, damit der übrige Raum zum Fliegen und Betrachten frei bleibt. Befestigung der Zweige, Art und Größe der Zweige wie bei Käfig und Zimmervoliere (→ Seite 14).

Futter- und Trinkgefäße: Sollen standfest und leicht zu reinigen sein, ihr Standort muß den Freßgewohnheiten der Vögel entsprechen (→ Einrichtung von Käfig und Voliere, Seite 15).

Badegefäße: Bei Unterteilung in kleinere Volieren besser Badehäuser verwenden (→ Zeichnung, Seite 13), bei einem großen Flugraum sind flache Schalen gut geeignet: Werden von Vögeln bevorzugt, haben größere Wassermenge, Spritzer stören nicht. Achtung: Offene Badestelle nicht unter Zweigen errichten, Verschmutzungsgefahr!

Bodenbelag: Fugenlos verlegter Kunststoff, Fliesen oder Terrazzo lassen sich am leichtesten pflegen; sie müssen zweimal wöchentlich feucht gewischt werden. Einstreu (→ Seite 16) nicht auf die gesamte Bodenfläche geben, sondern nur in Kästen unterhalb der Sitzzweige verwenden; kann so leicht ausgewechselt werden.

Besondere Schutzvorrichtungen: Fenster von außen sichern durch einen Holzrahmen, auf den Maschendraht gespannt ist. So kann das Zimmer gelüftet werden und Sonnenlicht ungehindert ins Zimmer gelangen. Türe mit einer Schleuse versehen, um Entweichen von Vögeln beim Eintreten zu verhindern.

◁ Rotflanken-Brillenvogel (Goldkinn-Brillenvogel), *Zosterops erythropleurus* mit ausgebleichtem Gefieder – das ursprünglich olivgrüne Gefieder von Kopf, Hals und Rücken wechselt bei Haltungsfehlern schnell in Grau über.

Die Freivoliere

Freivolieren lassen sich nicht nur im Garten, sondern in kleinerer Form auch auf Balkon oder Terrasse errichten. Die Vögel genießen es, zumindest einen Teil des Jahres an der frischen Luft zu verbringen. Die Aussichten auf eine erfolgreiche Zucht sind in einer Freivoliere am größten.

Anlage der Freivoliere: Es gibt Firmen, die Fertigteile für Freivolieren herstellen (Beratung im Zoofachhandel). Die nachfolgenden Angaben sind sowohl beim Kauf als auch beim Selberbauen wichtig.

Größe: Grundsätzlich gilt für Weichfresser-Unterkünfte: Je größer, desto besser. Allerdings sollte die Voliere begehbar oder nur so groß sein, daß Sie alle ihre Bereiche gut erreichen können. Denn Sie müssen sie überall reinigen oder auch einmal einen Vogel herausfangen können.

Standort: Die Voliere sollte zumindest stundenweise direkt von der Sonne beschienen werden. Ost- und Westlage sind am günstigsten; bei Südlage muß ein ausreichender Sonnenschutz (zum Beispiel durch Pflanzen oder eine teilweise Überdachung) vorhanden sein; Nordseiten sind für Weichfresser-Volieren nur wenig geeignet.

Fundament: Im Garten gemauert, mit einer Tiefe von mindestens 1 m, damit keine Ratten und Mäuse hineingelangen. Besser: Estrich- oder Betonboden mit Abflußmöglichkeit für Regenwasser. Das Fundament erübrigt sich bei einer Balkon-Voliere.

Rahmen: Stabil, aus Holz oder Metall; muß unter Umständen schwere Schneelasten tragen und Stürmen standhalten können.

Gitter: Kunststoffüberzogener Maschendraht, Maschenweite so, daß die Vögel nicht entweichen können. Ein doppeltes Drahtgeflecht erhöht die Sicherheit gegen Feinde von außen

(Katzen, Marder, Sperber, Eulen). Zumindest für die Seitenteile und das Dach: Doppelter Maschendraht im Abstand von 5 cm!

<u>Wind- und Wetterschutz:</u> Teilweise Überdachung der Freivoliere, zum Beispiel mit gewelltem Plexiglas. Dadurch Schutz vor Regen, aber auch Möglichkeit eines Bades im Regen für Vögel und Pflanzen.

Auch seitlich einen Windschutz anbringen oder die Voliere an einer Gebäudewand errichten (→ Zeichnung), damit die Vögel einen zugfreien Raum haben.

Die Einrichtung

In einer Freivoliere haben Sie vielfältige Gestaltungsmöglichkeiten (Bepflanzung). Allerdings sollten Sie bedenken, daß manche Einrichtungsgegenstände (Futtergefäße, Bademög-

lichkeiten) nicht der Witterung (Sonne, Regen) ausgesetzt sein dürfen.

<u>Sitzstangen:</u> Es gelten die gleichen Grundsätze wie beim Käfig (→ Seite 14). Bei ausreichender Bepflanzung sind nur wenige zusätzliche Zweige nötig. Im oberen Drittel des nicht überdachten Teils keine Zweige anbringen, damit Ihre Weichfresser dort nicht schlafen (kein Regenschutz, Gefahr durch Katzen oder Eulen).

<u>Futter- und Trinkgefäße:</u> Futterstellen für Schamas und ihre Verwandten am Boden errichten, für Wipfelbewohner (Blattvögel, Brillenvögel, Bülbüls) auf Futtertisch oder -brett. Futter- und Trinkgefäße immer im überdachten Teil der Voliere unterbringen, um eine Durchnässung und Verschmutzung (zum Beispiel durch den Kot freilebender Vögel) zu vermei-

<u>Freivoliere mit Anschluß an ein Vogelhaus.</u> Links der überdachte Teil zum Schutz vor Regen und starker Sonneneinstrahlung, rechts Türe mit Schleuse, um ein Entkommen der Vögel zu verhindern, wenn der Pfleger die Voliere betritt. Eine dichte Bepflanzung bietet zahlreiche Versteckmöglichkeiten und dient bei Weichfressern mit einer stürmischen Balz (zum Beispiel Schamas) dem Schutz des Weibchens.

den. Über Futterstellen keine Sitzzweige anbringen!

Badegefäße: In der Freivoliere können Sie Ihre Weichfresser nach Herzenslust planschen lassen. Es sind deshalb keine geschlossenen Badehäuser nötig. Größere, feststehende flache Schalen (kein Asbest!) sind gut geeignet. Für am Boden lebende Vögel sollten sie nicht auf dem bloßen Erd- oder Sandboden stehen (Krankheitskeime!), sondern auf Fliesen oder zumindest auf grobem Kies. Für Wipfelbewohner stellen Sie die Schalen besser erhöht auf. Die Bademöglichkeit in den überdachten Volierenabschnitt stellen.

Boden

Auf Balkon und Terrasse empfiehlt sich ein Boden aus Betonplatten. Man kann sie mit einem Gartenschlauch leicht abspritzen, vorausgesetzt, ein Abfluß ist vorhanden. Auch nach einem Regenschauer trocknen sie schnell wieder.

In einer Freivoliere im Garten besteht der Boden gewöhnlich aus Erde oder Sand. Ein besonders guter Nährboden für Krankheitskeime. Sorgfältige Pflege dieses Bodens ist daher besonders wichtig.

Bepflanzung

In Freivoliere auf Balkon und Terrasse Pflanzen in Kübeln aufstellen.

In der Gartenvoliere Pflanzen in Erde einsetzen. Die Bepflanzung sollte dem natürlichen Lebensraum der Weichfresser entsprechend dicht sein, Ihnen jedoch die Möglichkeit geben, jede Stelle der Voliere erreichen und den Boden pflegen zu können. Achten Sie darauf, daß die Bepflanzung den Vögeln nicht den Platz zum Fliegen und Ihnen nicht die Sicht nimmt. Als Bewuchs geeignet sind Laub- und Nadelgehölze wie Holunder oder kleinwüchsige Berg- und Latschenkiefer (keine Sträucher mit Dornen). Wählen Sie Pflanzen, die gerne von Insekten aufgesucht werden; einheimische Pflanzen sind dafür besonders gut geeignet. Pflanzen, die viele Zweigquirle bilden, erleichtern den Vögeln den Nestbau. Ein dichter Bodenbewuchs (zum Beispiel Farnkraut) ist für Weichfresser mit einer stürmischen Balz zum Schutz des Weibchens wichtig.

Das Vogelhaus

Besonders günstig ist es, wenn die Freivoliere an einen beheizbaren Schutzraum angeschlossen ist, den die Vögel jederzeit aufsuchen können. Vor allem für die Überwinterung bringt er große Vorteile (→ Seite 29).

Dieser Schutzraum sollte – entsprechend der Zahl der Volierenabteile – ebenfalls unterteilt sein. Er kann Teil Ihres Wohnhauses oder eine nicht benötigte Garage sein. Am besten ist natürlich ein Vogelhaus, das voll an die Bedürfnisse der Weichfresser angepaßt ist und sich zugleich zur Futtertierzucht (→ Seite 41) benützen läßt.

Für Bau und Einrichtung gelten die gleichen Bedingungen wie für Voliere und Vogelstube. Achten Sie möglichst auf genügend Helligkeit (mehrere Fenster, Plexiglaskuppel im Dach). Technische Details nennt Ihnen die weiterführende Fachliteratur (→ Seite 97).

Technik rund um Käfig und Voliere

Beleuchtung

Die südostasiatischen Weichfresser haben in ihrer Heimat fast das ganze Jahr über 12 bis 14 Stunden Tageslicht. Diese Tageslänge benötigen sie auch bei uns, um genügend Nahrung aufnehmen zu können. Da das Licht außerdem ihre Hormone steuert, können Mangel wie Überangebot an Licht die Vögel schädigen. Es wird vom jeweiligen Standort des Käfigs oder der Zimmervoliere abhängen, ob Sie Ihren

Weichfressern – zumindest im Winter – eine zusätzliche Beleuchtung (auch nur über Stunden) bieten müssen.

Ergänzung des Tageslichts: Als Lichtquellen können Sie herkömmliche Glühbirnen oder Leuchtstoffröhren verwenden. Die Anbringung erfolgt außerhalb des Käfigs (aber in Käfignähe), bei Volieren auch innen (dann jedoch mit Schutzgitter!). Glühbirnen geben zusätzlich Wärme ab, die das Wohlbefinden der Weichfresser fördert. Gelegentlich nehmen die Vögel regelrechte Sonnenbäder unter einer Lampe.

Ersatz des Tageslichts: Unumgänglich wird die Beleuchtung bei Käfigen und Zimmervolieren an dunklen Standorten (Keller oder Dachboden). In diesem Fall müssen Sie nicht nur für eine ausreichende künstliche Lichtmenge sorgen, sondern Sie sollten auch Lampen verwenden, die einen UV-Anteil abstrahlen, zum Beispiel sogenannte True-Lite-Röhren. Die Lampen müssen so angebracht werden, daß Ihre Weichfresser jederzeit auch ein schattiges Plätzchen suchen können, beispielsweise durch reichliche Bepflanzung.

Hinweis: Nehmen Sie nie Höhensonnen oder kosmetische Bräunungslampen. Diese massive UV-Bestrahlung würde Ihre Vögel gesundheitlich schwer schädigen.

Steuerung der Beleuchtung: Da die Weichfresser im allgemeinen erst in der Dämmerung ihren Schlafplatz aufsuchen, darf das Licht nicht schlagartig gelöscht werden. Schalten Sie vorübergehend eine schwächere Lampe ein, oder steuern Sie die Beleuchtung über einen Dämmerungsschalter. Es ist sinnvoll, auch nachts eine schwache Lampe (zum Beispiel 15 Watt) brennen zu lassen, damit sich die Vögel jederzeit orientieren können. Besonders bei der Haltung mehrerer Vögel kann es in völliger Finsternis zu einer Panik kommen.

Hinweis: Sie sichern den Vögeln einen geregelten Tagesablauf, wenn Sie automatische Zeitschaltuhren das Lichtprogramm steuern lassen.

Heizung

Die Vögel vertragen durchschnittliche Raumtemperaturen gut. Im Winter ist ihnen eine feuchte und mäßig warme (18 bis 20 °C) Luft zuträglicher als trockene, warme Heizungsluft (Wasserbehälter an die Heizung hängen!).

Haltung in Freivoliere oder Vogelhaus: In einem Vogelhaus oder dem Schutzhaus einer Freivoliere sollte im Winter eine Temperatur von etwa 15 bis 18 °C herrschen. Elektrische Heizung oder Zentralheizung sind besser als sauerstoffverbrauchende und schwer regulierbare Öfen.

Eine Rotlichtlampe wird gerne von den Vögeln zum Aufwärmen aufgesucht; als Hauptwärmequelle ist sie wegen ihrer geringen Reichweite jedoch ungeeignet.

Heimtransport

Der Transport Ihres neuen Weichfressers nach Hause sollte zügig geschehen. Für kurze Strekken (bis zu maximal 2 oder 3 Stunden) sind Pappkartons mit Luftlöchern an einer Seite geeignet. Der Vogel kann in dieser relativ kurzen Zeit ohne Wasser und Nahrung auskommen. Bei mehrstündiger Autofahrt ist es besser, den Weichfresser in einem kleinen Käfig mit Wasser und Futter zu transportieren. Decken Sie den Käfig mit einem hellen Tuch ab, um dem Vogel die beunruhigende Sicht in die fremde Umgebung zu ersparen.

Gewöhnung an das neue Heim

Bei der Ankunft sollte der Käfig oder die Voliere für den neuen Hausgenossen bereits am endgültigen Standort vorbereitet sein und schon Futter und Wasser für den ersten Tag enthalten. Eine Badegelegenheit und besondere Leckerbissen erleichtern dem Vogel das Einleben. Entlassen Sie den Vogel in die neue Behausung, ohne ihn anzufassen. Beim Umsetzen Fenster schließen und Gardinen zuziehen! Überlassen Sie den Neuankömmling erst einmal sich selbst, damit er sich beruhigen und orientieren kann. Führen Sie ihn in den ersten Tagen auch nicht gleich Fremden vor. Schamas und Goldstirn-Blattvögel fühlen sich oft überraschend schnell heimisch, und es kann durchaus sein, daß sie schon abends oder am nächsten Morgen ihr erstes Lied hören lassen.
Hinweis: Vitrinen anfangs mit Maschendraht oder einer Gardine verhängen, damit der Vogel die Scheibe als Grenze kennenlernt, aber auch, damit er sich durch die sichtbare Trennung vor dem Menschen geborgener fühlt. Sichtschutz später nicht schlagartig, sondern schrittweise entfernen.

Erste Pflegemaßnahmen
Weichfresser leiden manchmal an Darminfektionen, auch wenn sie häufig nicht sichtbar krank sind – vor allem an Kokzidien und Salmonellen (→ Gesunderhaltung und Krankheiten, Seite 56). Sie können den Gesundheitszustand Ihres Weichfressers feststellen, indem Sie eine Kotprobe vom Tierarzt untersuchen lassen. Dies sollte in den ersten Tagen geschehen, vor allem dann, wenn der Vogel mit anderen zusammen in einer Gemeinschaftsvoliere leben wird. Auf diese Weise vermeiden Sie, daß Krankheiten durch den neuen Weichfresser eingeschleppt werden.

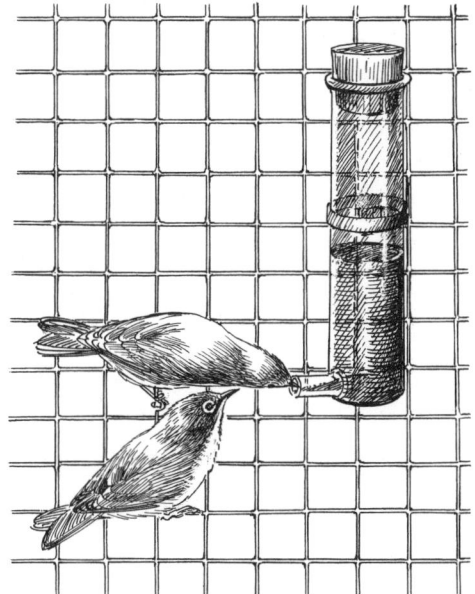

Brillenvögel am Trinkröhrchen. Nektarfressende Arten (wie Brillenvögel und Blattvögel) benötigen eine Landemöglichkeit (Zweig, Käfiggitter) beim Röhrchen, denn sie können nicht wie Kolibris im Schwirrflug trinken.

Hat der Tierarzt bestätigt, daß der Vogel gesund ist, dürfen Sie ihn nicht ohne Vorbereitung in die Gemeinschaftsvoliere entlassen. Ein plötzliches Einsetzen kann zu schweren Auseinandersetzungen mit den alteingesessenen Vögeln führen (→ Seite 8 und 68). Sorgen Sie dafür, daß die Vögel sich kennenlernen: zum Beispiel Käfige aneinanderrücken oder gemeinsamer Freiflug im Zimmer.

Das richtige Futter zur Eingewöhnung
Geben Sie Ihrem neuen Weichfresser in den ersten Tagen die Kost, die er gewohnt ist. Nach einigen Tagen sollten Sie dieses Futter nach und nach mit dem künftigen vermengen.
Vorsicht: Eine zu plötzliche Umstellung kann zu Darmstörungen führen.
Reichen Sie in den ersten Tagen keine Vitamine und Mineralstoffe, sie werden oft schlecht vertragen. Zurückhaltung ist anfangs auch bei der Verfütterung von Lebendinsekten geboten. Da die meisten Weichfresser Wildfänge sind, wurden sie vermutlich erst vor kurzer Zeit an eine Ersatznahrung gewöhnt. Bei zu reichlicher Gabe von Insekten werden sie schnell rückfällig und verlieren den Appetit auf die Ersatznahrung. Sie müssen dann erneut den Vogel mühsam umgewöhnen.

Tips für die Einzelhaltung

Wenn Sie einen Weichfresser einzeln halten möchten, sollten Sie sich für eine ungesellige Art entscheiden, etwa eine Schama oder einen Blattvogel. Gesellige Arten – wie Sonnenvogel oder Bülbül – fordern als Ersatz für fehlende Artgenossen ein hohes Maß an Zuwendung.

Vertrautmachen
Auf Geduld und Leckerbissen sollten Sie das Vertrauensverhältnis zwischen sich und Ihrem Weichfresser aufbauen. Behelligen Sie ihn in

den ersten Tagen möglichst wenig. Beschränken Sie den Kontakt auf das tägliche Füttern und Wechseln des Wassers. Vermeiden Sie dabei hastige Bewegungen und reden Sie beruhigend auf den Vogel ein. Nach einigen Tagen können Sie ihm Leckerbissen auf der flachen Hand anbieten (zum Beispiel die sehr geschätzten Mehlwürmer). Verteilen Sie die Portion über den Tag, dann lernt der Vogel rasch, Sie als Spender dieser Leibspeise zu erkennen und Ihnen zu vertrauen.

Ein Goldstirn-Blattvogel wird meist schnell zahm und kommt bald auf die Hand, um sich einen Leckerbissen, einen Mehlwurm beispielsweise, zu holen.

Der tägliche Umgang mit dem Vogel
Ist der Weichfresser eingewöhnt, hat er die Angst vor der Hand verloren und findet er problemlos in seine Behausung zurück, so kann der Alltag in Ihre Vogelhaltung einkehren. Dazu gehört bei Käfighaltung neben regelmäßiger Pflege (→ Seite 29) auch der tägliche Freiflug im Zimmer. Denken Sie daran, daß Bewegung der Gesundheit Ihres Weichfressers immer förderlich ist, und gönnen Sie ihm das

Vergnügen. Sprechen Sie – wie beim Füttern – auch beim Freiflug im Zimmer mit Ihrem Vogel, und reichen Sie ihm dabei gelegentlich einen Leckerbissen. Damit läßt er sich auch wieder in sein Heim zurückklocken. Eine Schama wird mehr für einen Mehlwurm, ein Goldstirn-Blattvogel vielleicht eher etwas für eine süße Frucht übrig haben.

Hinweis: Bei den Ausflügen ins Zimmer Gardine vors Fenster ziehen, damit sich der Vogel nicht an der Glasscheibe das Genick bricht.

Brauchen Weichfresser Gesangsunterricht?

Wenn Sie einen gezüchteten Jungvogel erstanden haben, kann es sein, daß er seinen arteigenen Gesang noch nicht vollkommen gelernt hat. Dann sollten Sie ihm von Band oder Platte die Stimmen und Gesänge von Artgenossen vorspielen.

Bei den importierten Vögeln handelt es sich meist um ausgewachsene Wildfänge, die ihre Gesangsausbildung abgeschlossen haben. Spottende Vögel – wie Schamas und Blattvögel – imitieren gerne und nehmen vorgespielte Stimmen anderer Vögel zusätzlich in ihren eigenen Gesang auf. Häufig animieren auch Geräusche (wie Radiomusik, die heulenden Geräusche des Staubsaugers oder die eines Haarföns) die Vögel zum Singen.

Wenn es mit dem Gesangseifer Ihres Weichfressers hapert, sollten Sie Haltungsbedingungen und Fütterung überprüfen. Bei paarweiser Haltung oder bei Unterbringung in einer Gemeinschaftsvoliere haben die Vögel viele Beschäftigungsmöglichkeiten und singen meist weniger. Auch ein zu dicker Vogel singt nicht gern.

In warmen Ländern beheimatete Weichfresser singen im Gegensatz zu vielen einheimischen Arten fast das ganze Jahr über.

Hinweis: Spielen Sie Ihrem Vogel jeweils nur wenige Gesänge vor, diese dafür oft, damit er sie gut lernen kann.

Tips für die Gemeinschaftshaltung

Artgleiche Vögel: Vergesellschaften Sie stets Paare miteinander, denn im artgleichen Schwarm brechen (sogar bei ausgeprägt geselligen Weichfressern) meist Streitigkeiten aus, sobald sich ein Paar gebildet hat. Die überzähligen Männchen werden als Rivalen vom verpaarten verfolgt; vor allem in der Brutzeit kommt es häufig zu heftigen Kämpfen (→ Seite 8).

Verschiedene Arten: Bei der Vergesellschaftung unterschiedlicher Arten können ebenfalls Konflikte ausbrechen. Sie lassen sich aber weitgehend vermeiden,

• wenn Sie Arten mit unterschiedlichen Nahrungsansprüchen zusammengeben. (Kein Streit ums Futter!)

• wenn Sie Arten vergesellschaften, die unterschiedliche Lebensbereiche bevorzugen. (Keine gleichen Platzansprüche!) So halten sich Bülbüls, Blattvögel und Brillenvögel mehr im oberen Volierendrittel auf, Sonnenvögel in der Mitte und am Boden, Schamas und Damadrosseln vor allem in Bodennähe.

• wenn Sie Arten von annähernd gleicher Größe und Stärke in der Voliere halten. So lassen sich Brillenvögel gut mit Prachtfinken vergesellschaften; Sonnenvögel oder Bülbüls passen besser zu Finkenvögeln und Beos eher zu Fasanen.

Größe der Behausung: Bei der Gemeinschaftshaltung sollten Sie unbedingt eine großzügige Voliere wählen. Sie ist Voraussetzung für ein friedliches Zusammenleben der Vögel. Enge schafft Streitigkeiten.

Genügend Futterstellen: Damit auch schwächere Vögel immer satt werden, sorgen Sie für eine ausreichende Anzahl von Futterstellen, und zwar in den jeweiligen Bereichen, die von den einzelnen Arten naturgemäß aufgesucht werden.

Ausreichende Schlafplätze: Weichfresser bevorzugen meist möglichst hohe Zweige zum Schlafen. Wenn Sie nicht für genügend geeignete Plätze sorgen, ist der abendliche Streit um den Schlafplatz bereits vorprogrammiert.

Die Pflege der Vögel und ihrer Unterkunft

Weichfresser bedürfen, wenn sie artgemäß gehalten werden, keiner besonderen Pflege durch den Menschen. Sie putzen sich selbst, baden täglich aus eigenem Antrieb, und ihre Krallen nutzen sich von allein ab. Wenn es zu übermäßigem Wachstum der Krallen (→ Zeichnung, Seite 15) oder des Schnabelhorns kommt, liegt ein Haltungsfehler vor (→ Seite 60).

Sonnenvogel-Paar beim Sonnenbaden. Die Vögel richten ihr gesträubtes Gefieder gegen die Sonne, so daß die Strahlen die Haut erreichen können.

Vogeldusche

In der Freivoliere können Sie mit einem durchlöcherten Gartenschlauch (an der Decke befestigen) oder dem Rasensprenger Ihren Vögeln täglich ein kurzes Duschbad ermöglichen. Im Zimmer können Sie, wenn Ihre Weichfresser frei im Zimmer fliegen, die Zimmerpflanzen mit einem Zerstäuber benetzen. Viele Weichfresser nehmen dann begierig ein Bad im taunassen Grün. Zahme Vögel lassen sich oft gerne auch selbst naßsprühen.

Vorsicht: Die Blumenspritze niemals zum Versprühen von Pflanzenschutzmitteln verwenden! Diese Mittel sind tödlich giftig für den Vogel. Ob Dusche im Freien oder im Zimmer: In jedem Fall sollten Sie kaltes Wasser verwenden. Warmes Wasser löst Fettsubstanzen aus den Federn, so daß die Wärmeregulation durch das Gefieder gestört wird.

Sonnenbaden

Beim beliebten Sonnenbaden richten Weichfresser ihr gesträubtes Gefieder gegen die Sonne, so daß die Strahlen die Haut erreichen können (→ Zeichnung).

In der Freivoliere müssen Sie darauf achten, daß den Vögeln neben den sonnigen immer auch schattige Plätze zur Verfügung stehen, damit sie keinen Hitzschlag erleiden.

Im Zimmer gehaltene Weichfresser können Sie zum Sonnenbaden in ihrem Käfig oder der Voliere auf den Balkon oder in den Garten stellen. Falls es die Vögel zu sehr ängstigt, sollten Sie darauf verzichten. Prüfen Sie den Standort, denn die Vögel dürfen nicht ausschließlich in der grellen Sonne stehen.

Hinweis: Bedenken Sie, daß die Sonne ihren Stand ändert und der Schatten wandert.

Sonnenvögel. ▷
Oben und links unten: Chinesische Nachtigall (China-Sonnenvogel), *Leiothrix lutea*; unten rechts: Blauflügel-Siva (Blauflügel-Sonnenvogel), *Siva cyanouroptera*.

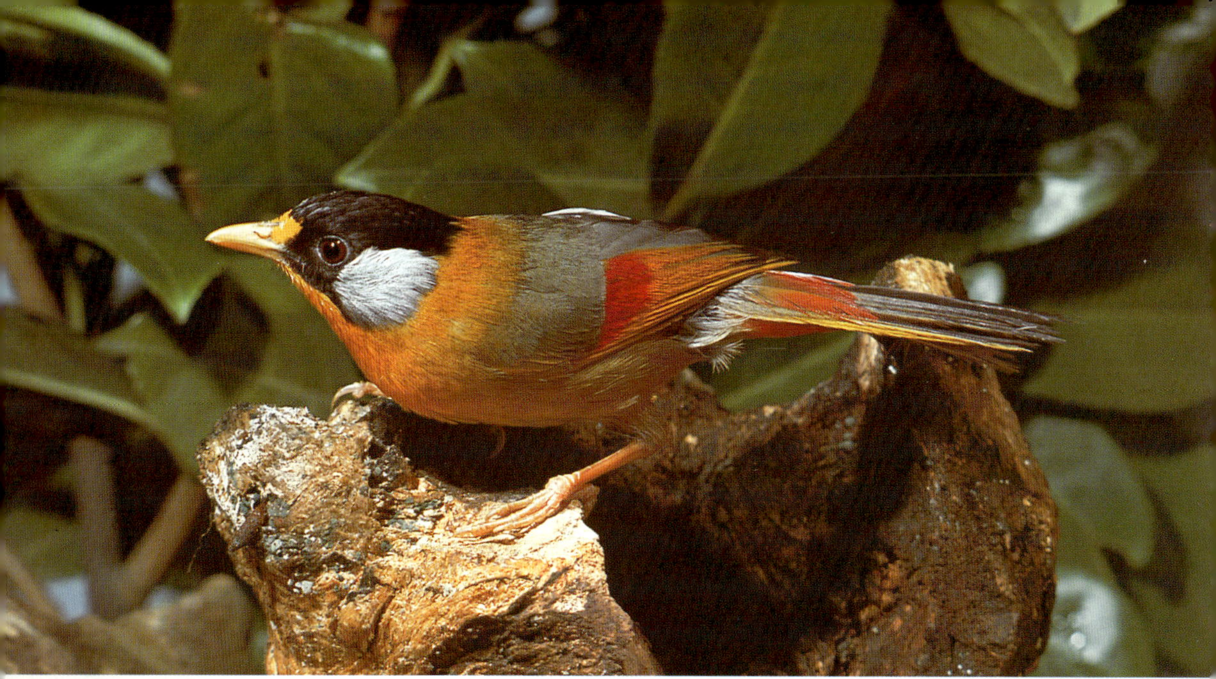

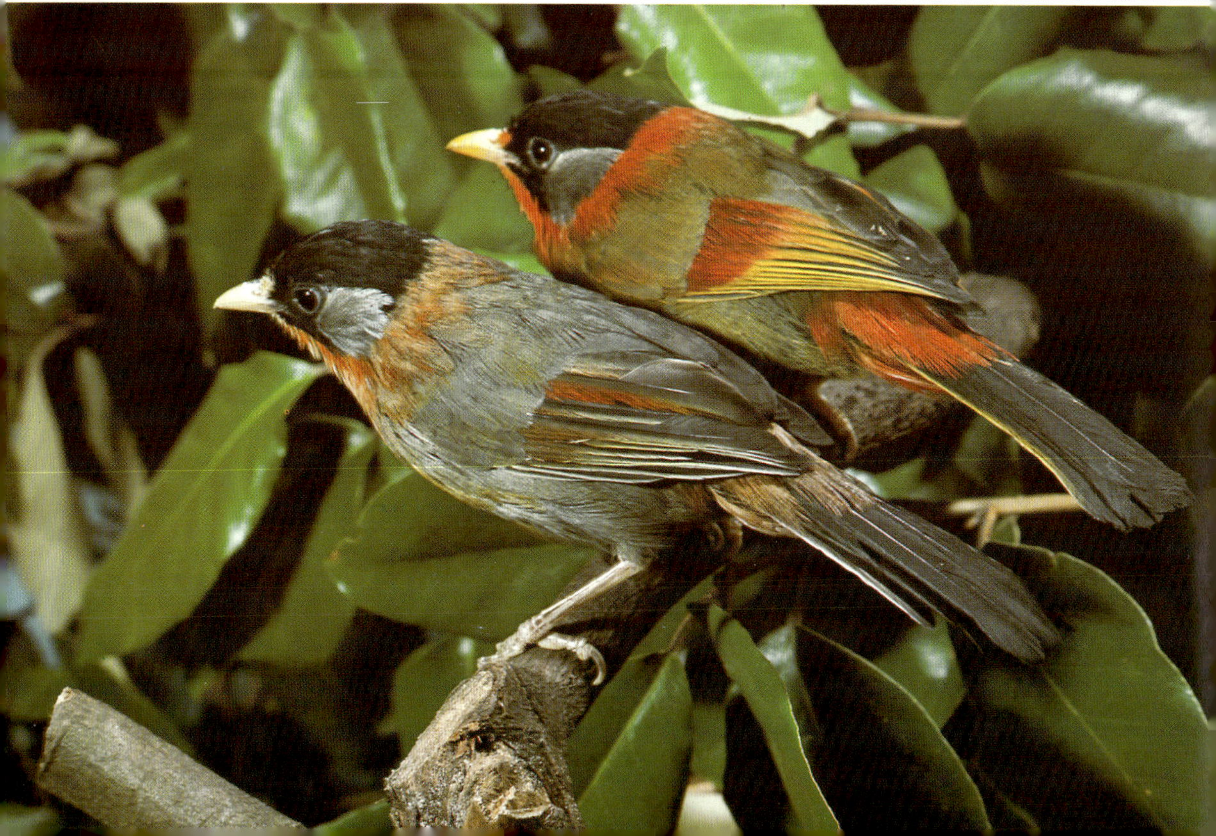

Regelmäßige Pflegearbeiten

Täglich: Futter wechseln (bei verderblichem Futter, bei heißer Witterung zweimal täglich); Wasser wechseln, Näpfe mit warmem Wasser auswaschen; Futterreste entfernen; Kotbeschaffenheit kontrollieren; den Gesundheitszustand der Vögel beobachten; Futtertiere versorgen; wenn erforderlich, Bodenbelag wechseln (sonst alle 2 bis 3 Tage); Schale mit Erde oder Grasstückchen erneuern.

Wöchentlich: Käfig und Zimmervoliere gründlich reinigen, Futter- und Badegefäße mit Geschirrspülmittel waschen (hinterher gründlich spülen!); soweit erforderlich: Sitzstangen und Zweige säubern.

In Freivoliere Boden harken, Platten reinigen, den baulichen Zustand der Voliere überprüfen (Löcher im Draht, Mauselöcher und dergleichen), Vögel auf Parasitenbefall hin beobachten (→ Parasitenbefall, Seite 62). Volierenbepflanzung pflegen.

Monatlich: In Käfig und Zimmervoliere die klebrig gewordenen Zweige von Frucht- und Nektarfressern auswechseln.

In Freivoliere den Boden gründlich reinigen.

Halbjährlich: In Freivoliere eine Kotprobe sammeln und vom Tierarzt untersuchen lassen.

Einmal im Jahr: In Freivoliere tragende Konstruktionen streichen und – wenn nötig – ausbessern.

◁ Silberohr-Sonnenvögel.
Oben: Silberohr-Sonnenvogel, *Leiothrix argentauris*; unten: Pärchen des Roten Silberohr-Sonnenvogels, *Leiothrix argentauris laurinus* – vorne Weibchen, hinten Männchen.

Spezielle Fragen zu Haltung und Pflege

Sollen Weichfresser nachts zugedeckt werden?

Weichfresser werden im Gegensatz zu Kanarien und Wellensittichen beim Zudecken des Käfigs mit einem Tuch eher geängstigt. Es ist besser, ihnen durch einen geeigneten Käfigstandort die nötige Ruhe zu verschaffen und den Käfig unbedeckt zu lassen.

Wie überwintert man Weichfresser?

Für im Haus gehaltene Weichfresser ist die Überwinterung kein Problem. Sie vertragen unsere durchschnittlichen Zimmertemperaturen gut.

Viele Weichfresser, die den Sommer über in der Freivoliere gelebt haben, können auch im Winter kühl untergebracht werden. Bei trockener Witterung kann ihnen sogar ein Ausflug in die Freivoliere gestattet werden, da ihnen die Kälte nicht schadet; sie können sich – wie unsere heimischen Vögel – durch Aufplustern des Gefieders vor der kalten Luft schützen. Derart überwinterte Vögel zeichnen sich durch eine hohe Widerstandskraft und eine gute Kondition aus. Bei anhaltend naßkalter Witterung können sie sich jedoch erkälten und sollten zu solchen Zeiten unbedingt im Haus beziehungsweise im Schutzhaus bleiben.

Tips für die Überwinterung in der Freivoliere:

• Die Vögel müssen gut eingewöhnt sein und schon den ganzen Sommer in der Freivoliere zugebracht haben.

• Die Voliere muß wind- und teilweise auch regengeschützt sein.

• Die Vögel müssen jederzeit Zugang zum warmen Schutzraum (15 bis 18 °C) haben.

• Futter und Wasser sollten nur im Schutzraum zur Verfügung stehen; bei gefrorenem Trinkwasser können die Vögel verdursten.

• Nachts die Vögel unbedingt im Schutzhaus einsperren.

- Bei Tagestemperaturen unter −5 °C nur noch stundenweiser Aufenthalt in der Freivoliere.
- Weichfresser aus der Freivoliere, die warm überwintert werden sollen, im September ins Haus bringen. Der Unterschied zwischen Außen- und Innentemperaturen darf noch nicht kraß sein. Vorsicht: Wenn es außen bereits zu kühl und innen wesentlich wärmer ist, kommen die Vögel zur falschen Zeit in Brutstimmung. Rückführung in die Freivoliere: Ende Mai, wenn es keine Nachtfröste mehr gibt.

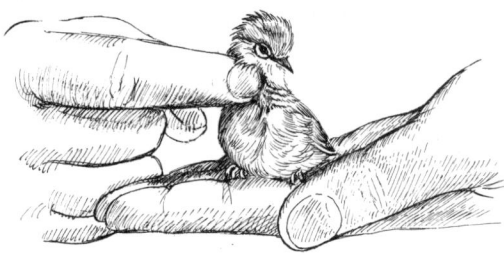

Ein handaufgezogener Brillenvogel läßt sich gerne von seinem Pfleger kraulen.

Was tun, wenn Ihr Weichfresser entflogen ist?
Wenn einmal das Mißgeschick geschehen sollte, daß Ihr Weichfresser nach draußen gelangt, müssen Sie nicht gleich befürchten, den Vogel niemals wiederzubekommen.
Suche: Die meisten Weichfresser leben überwiegend im Gebüsch oder in Bäumen. Im Gegensatz zu Vögeln des offenen Geländes (Steppe, Wüste, Heide) – wie viele Sittiche – ergreifen sie bei Gefahr nicht panisch die Flucht, sondern verstecken sich im nächsten Grün. Ihr entflogener Weichfresser sitzt deshalb höchstwahrscheinlich in einem Busch oder Baum in der Nachbarschaft. Hier sollten Sie mit der Suche beginnen.
Lockrufe: Wenn der entflogene Weichfresser einer geselligen Art angehört und von Ihnen paarweise gehalten wurde, kann der Partner Ihres Vogels hilfreich bei der Suche nach ihm sein. Stellen Sie ihn in einem Käfig ans Fenster oder auf den Balkon. Auf seine Rufe wird der andere – sofern er ihn hört – antworten.
Wenn Ihnen ein einzeln gehaltener Vogel entflogen ist, Sie aber zusätzlich ein Paar geselliger Vögel besitzen, sollten Sie den Versuch wagen, die Stimmfühlungslaute dieses Paares zu nützen. Trennen Sie die beiden Vögel – und zwar so, daß sie in Ruf-, nicht aber in Sichtkontakt sind. Es besteht die Chance, daß ihre Lockrufe den Entflogenen zurückleiten, da er diese Rufe kennt.
Hinweis: Zeichnen Sie vorbeugend die Lockrufe und Gesänge Ihres Vogels auf Band auf. Eine Lock-Konserve für alle Fälle!
Käfig und Leckerbissen: Wenn Sie den Standort des Vogels ausgemacht haben, sollten Sie ihm seinen Käfig mit seinen bevorzugten Leckerbissen in Sichtweite aufstellen. Es empfiehlt sich, die Käfigtür mittels eines langen Fadens aus der Ferne zu schließen, damit der Vogel beim Sich-Nähern nicht wieder entweicht.
Freivoliere: Vögel aus einer Freivoliere finden meistens leichter zurück, da ihnen die Umgebung schon vertraut und die Voliere immer gut erkennbar ist.

Gefahren drinnen und draußen

Gefahrenquelle	Auswirkungen	Vermeiden der Gefahr
Badezimmer	Wegfliegen bei gekipptem Fenster. Abrutschen ins offene WC, ins gefüllte Waschbecken oder in die volle Badewanne und dadurch Ertrinken. Vergiftungen durch Putzmittel und Chemikalien (WC-Reiniger).	Vogel aus Badezimmer fernhalten. Badezimmertür niemals offen stehen lassen.
Drahtgitter (bei Käfig und Voliere)	Wegfliegen bei zu großen Drahtabständen beziehungsweise Löchern im Gitter. Durchstecken des Köpfchens und dadurch Erdrosseln oder Steckenbleiben (schwere Verletzungen) bei ungeeigneten Drahtabständen. Verletzungen bei verrosteten Gittern. Zehen- und Kopfverletzungen bei zu dünnem, scharfem Draht.	Bei allen Vogelbehausungen den Drahtabstand passend zur Vogelgröße wählen. Gitter regelmäßig kontrollieren (Rost, Löcher). Punktgeschweißtes Gitter verwenden.
Elektrokabel, Steckdosen	Stromschlag beim Suchen nach Beute (vor allem necktarfressende Arten und Stare).	Leitungen unter Putz verlegen; freiliegende nicht unter Strom lassen. Stecker herausziehen, wenn freifliegender Vogel unbeaufsichtigt bleibt. Steckdosen mit Blindsteckern versehen.
Fäden (Bindfaden, Gummiringe, Lametta)	Erdrosseln durch Schlingenbildung, Fremdkörperbeschwerden, Vergiftungen.	Nicht herumliegen lassen. Vogel nicht in Weihnachtsbaum fliegen lassen.
Gardinen	Bei grobmaschigen Gardinen Verfangen mit den Krallen und Beinbruch bei Befreiungsversuch. Vergiften durch Knabbern am Bleiband.	Feinmaschige Gardinen ohne Bleiband verwenden.
Gefäße und Becken mit Wasser Eimer, Vasen, Schalen, Aquarien, Becken von Wasserschildkröten)	Hineinrutschen, Ertrinken. Bei Becken von Wasserschildkröten auch Infektionsgefahr, zum Beispiel durch Salmonellen.	Gefäße und Becken abdecken. Vogel beim Hausputz nicht frei fliegen lassen.

Gefahren drinnen und draußen

Gefahrenquelle	Auswirkungen	Vermeiden der Gefahr
Gestricktes, Gehäkeltes	Verfangen mit den Krallen, Erhängen.	Kein Strick- oder Häkelzeug herumliegen lassen. Gehäkelte Decken oder Kissen entfernen.
Gifte	Vergiftungen; tödlich sind Blei, Grünspan, Nikotin, Rost, die Dämpfe von kunststoffbeschichteten Pfannen, alle Putzmittel, Pflanzenschutzmittel, Quecksilber, vergiftete Futterinsekten; gesundheitsschädigend sind Bleistiftspitzen, Kugelschreiber- und Filzminen, Alkohol, Kaffee, scharfe Gewürze.	Alle giftigen Gegenstände beziehungsweise Stoffe aus der Umgebung des Vogels entfernen oder unerreichbar für ihn aufbewahren.
Glasscheiben, Glaswände	Dagegenfliegen, dadurch Gehirnerschütterung, Schädel- und Genickbruch.	Glasscheiben (Fenster, Balkontür, Glaswände) mit Gardinen versehen.
Heimtiere (Hund, Katze, Nager)	Beunruhigungen, Bißverletzungen, Gefressenwerden.	Vogel weder beim Freiflug im Zimmer noch in Käfig oder Voliere allein mit anderen Heimtieren lassen (→ Seite 7).
Herdplatten	Verbrennungen, Tod durch Verbrennen, wenn Vogel auf heißen Herdplatten landet.	Vogel nicht unbeaufsichtigt in Küche fliegen lassen. Auf unbenützte heiße Platten einen zugedeckten Topf mit Wasser stellen.
Kerzenlicht	Verbrennungen, Tod durch Verbrennen.	Bei freifliegendem Vogel auf Kerzenlicht verzichten.
Klebstoffe	Vergiftungen mit Todesfolge durch verdunstete Lösungsmittel; Verkleben des Gefieders, des Schnabels und der Zehen.	Bei Verwendung von Klebstoffen (Reparaturen, Bastelarbeiten) Vogel aus dem Raum entfernen und nach getaner Arbeit den Raum sehr gründlich lüften.
Küche	Dämpfe und Dünste können den Vogel ersticken. Die überhitzte Küche, aber auch notwendiges Lüften führen zu Erkältungen und Krankheiten anderer Art. Beim Lüften Gefahr, daß Vogel entkommt.	Vogel nicht in der Küche halten.
Mensch	Zertretenwerden (vor allem Vögel, die sich gern in Bodennähe aufhalten). Zerquetschtwerden beim Hinsetzen (vor allem zahme Vögel gefährdet).	Erhöhte Vorsicht, wenn Vogel frei im Zimmer fliegt.

Gefahren drinnen und draußen

Gefahrenquelle	Auswirkungen	Vermeiden der Gefahr
Pflanzen	Vergiftungen, oft mit Todesfolge, bei giftigen Pflanzen wie Eibe, Hyazinthen, Narzissen, Oleander, Primeln, Porzellanblume (*Hoya carnosa*), Brechnußbaum (*Strychnos nur-vo-mica*), Immergrün (*Vinca minor*), allen Dieffenbachia-Arten und allen Nachtschattengewächsen. Schwerste Verletzungen können die Stacheln eines Kaktus hervorrufen, wenn der Vogel darauf landet.	Auf giftige Pflanzen und Kakteen in der Umgebung des Vogels verzichten. Unschädlich sind russischer Wein (*Cissus antarctica*), Zierwein (*Rhoicissus*), Hibiskus und Tradeskantie.
Schränke, Schubladen	Verhungern oder Ersticken, wenn der Vogel unbemerkt eingeschlossen wird.	Vor dem Schließen von Schränken und Schubladen immer genau kontrollieren, ob der Vogel nicht darin sitzt.
Schüsseln, Töpfe	Ertrinken bei flüssigem Inhalt. Verbrühen bei heißem Inhalt. (Speisen und Schaum werden vom Vogel als Landefläche angesehen.)	Gefäße zudecken. Vogel aus Küche fernhalten. Während der Essenszeit nicht fliegen lassen.
Sitzmöbel	Zerquetschtwerden beim Hinsetzen (vor allem zahme Vögel gefährdet). Tödliche Verletzungen beim Überfahrenwerden von Stühlen mit Rollen.	Vor dem Hinsetzen sich vergewissern, daß der Vogel nicht auf dem Sitz oder auf dem Boden ist.
Sonne	Hitzestau, Herzschlag bei zu starker Sonneneinstrahlung.	Vogelunterkunft kann an sonnigem Platz stehen, Vogel muß aber unbedingt in den Schatten ausweichen können.
Spalten zwischen Wand und Möbeln	Abrutschen, Einklemmen. Der Vogel kann sich nicht selbst befreien und an Herzversagen sterben.	Spalten mit Holz oder fester Pappe verschließen.
Spitze Gegenstände (Drahtenden, Nägel, Splitter, Nadeln)	Verletzungen, Stichwunden.	Nicht herumliegen lassen. Für Vogel unerreichbar aufbewahren.
Temperaturschwankungen	Erkältung oder Erfrierungen bei plötzlichen niedrigen Temperaturen. Hitzestau oder Herzschlag bei zu großer plötzlicher Hitze.	Abrupte Temperaturunterschiede vermeiden. Den Vogel immer Schritt für Schritt an eine neue Temperatur gewöhnen.

Gefahren drinnen und draußen

Gefahrenquelle	Auswirkungen	Vermeiden der Gefahr
Trinkwasser	Verdursten wenn Trinkröhrchen defekt und ausgelaufen ist, wenn Trinkwasser verdunstet oder gefroren ist, auch: wenn Vogel Trinkwasser nicht annimmt, weil Medikamente darin sind.	Tägliche Erneuerung des Trinkwassers und dabei Überprüfung des Trinkröhrchens. Während des Tages Beobachtung des Vogels, wenn Medikamente dem Trinkwasser zugesetzt wurden.
Türen	Einklemmen, Zerquetschen bei unachtsamem Schließen oder Öffnen der Tür. Wegfliegen, Erkranken durch Zugluft bei offenen Türen.	Erhöhte Achtsamkeit.
Ungeziefer	Krankheiten können durch Innen- und Außenparasiten hervorgerufen werden.	Alle Pflegearbeiten regelmäßig und gewissenhaft ausführen. Bei Befall Vogel entsprechend behandeln (→ Seite 62).
Wannen, Waschbecken	Hineinrutschen, Ertrinken. Schaum auf der Wasseroberfläche wird als Landefläche angesehen.	Vogel von Küche und Badezimmer fernhalten.
Waschmittel, Putzmittel, Chemikalien	Vergiftungen, wenn der Vogel davon nascht.	Alle Haushaltsreiniger in Schränken aufbewahren. Nach Benutzung Reste sorgfältig entfernen.
Ziergefäße (Krüge, Vasen, Becher, Gläser)	Hineinrutschen. Vogel kommt ohne Hilfe nicht mehr heraus. Ersticken, Verhungern oder Herzschlag aus Angst.	Leere Gefäße mit Vogelsand oder zerknülltem Papier füllen, zudecken oder leere Gläser umdrehen.
Zigaretten, Zigarren	Verräucherte Luft schadet. Nikotin ist tödlich. An abgelegten brennenden Zigaretten oder Zigarren im Aschenbecher kann sich Vogel verbrennen.	Am besten in der Umgebung des Vogels nicht rauchen, zumindest regelmäßig lüften. Vogel nie allein mit herumliegenden Tabakwaren lassen, er könnte daran knabbern.
Zugluft	Erkältung, Lungenentzündung.	Zugluft unbedingt vermeiden. Mit brennender Kerze prüfen, ob es wirklich nicht zieht. An der Bewegung der Flamme kann man Zugluft feststellen. In Freivoliere großzügigen Windschutz anlegen.

Weichfresser stellen weit höhere Ansprüche an die Ernährung als viele Körnerfresser. Manche Krankheiten und Störungen können ernährungsbedingt sein und lassen sich durch eine artgemäße, reichhaltige und abwechslungsreiche Fütterung vermeiden. Das Futter sollte den Vögeln schmecken, sie sättigen und ihnen die notwendigen Nährstoffe in richtiger Menge und Zusammensetzung zuführen (→ Tabelle, Seite 38).

Grundfutter

Insektenfuttermischung

Das Grundfutter für Weichfresser ist ein Insektenmischfutter. Geben Sie es auch den Weichfressern, die hauptsächlich von Früchten oder Nektar leben, denn es enthält viele Eiweiß- und Ballaststoffe. Der Zoofachhandel bietet verschiedene Insektenmischfutter als Weichfuttermischungen an, die in ihrer Zusammensetzung auf die verschiedenen Vogelgruppen zugeschnitten sind. So gibt es Mischungen für Zärtlinge, für drosselartige Vögel oder für Starenvögel und Beos. Das sogenannte Universalfutter soll laut Herstellerangaben allen Schnäbeln gerecht werden.

Insektenfuttermischungen gibt es als Fertig- oder als Trockenfutter.

Fertigfutter: Ist ohne weitere Zubereitung zu verfüttern, gut zu lagern und einigermaßen haltbar. Es ist in zwei Formen erhältlich: mit Fettzusätzen oder mit Honig aufbereitet. Fetthaltiges Fertigfutter wird vor allem von Insektenfressern, honighaltiges von fruchtfressenden Arten bevorzugt.

Honigfutter selbst hergestellt: 200 g Trockenfutter mit 1½ Eßlöffeln erhitztem Honig und 1 Kaffeelöffel heißem Pflanzenfett (salz- und gewürzfrei!) vermischen, ungefähr 15 Minuten auf dem Herd warm halten (damit Honig und Fett einziehen können), gut mischen. Sollte nach Abkühlen locker-körnig sein. Mehrere Tage haltbar.

Trockenfutter: Ist vor dem Verfüttern anzufeuchten (zum Beispiel durch kleingeschnittenes Obst, Möhren, Quark oder Fruchtsäfte), in trockenem Zustand fast unbegrenzt haltbar, angemacht sehr schnell verderblich (muß bei Hitze zweimal täglich frisch zubereitet werden). Durch die frischen vitamin- und mineralstoffreichen Zusätze besonders wertvoll.

Qualitätsmerkmale: Hoher Anteil an erkennbaren Bestandteilen wie Insekten, Kleinstkrebsen, Ameisenpuppen, getrockneten Beeren. Möglichst geringer Anteil an mehlartigen Zusätzen oder Waffelbruch. Achten Sie beim Kauf auf die Beschaffenheit des Futters. Öffnen Sie schon im Laden die Packung. Ein gutes Weichfutter riecht aromatisch und ist locker-krümelig. Dumpfer oder ranziger Geruch, Klumpen, die nicht auf leichten Fingerdruck zerfallen, oder fädige Gespinste deuten auf Verderbnis und Parasitenbefall hin. Verlangen Sie in diesem Fall ein anderes Päckchen.

Nektartrank

Sie können den Nektartrank als Fertigpulver kaufen, das im warmen Wasser aufgelöst wird. Dieses sogenannte Alleinfutter für Kolibris und Nektarvögel ist auch für Brillen- oder Blattvögel und andere Weichfresser geeignet. Es entspricht im Zuckergehalt dem natürlichen Nektar, ist aber darüber hinaus mit essentiellen Aminosäuren (lebenswichtigen Eiweißbausteinen), Vitaminen, Mineralstoffen und Spurenelementen angereichert, die dem Bedarf der Vögel angepaßt sind.

Selbermischen (Rezeptur des Kolibrifachmannes Karl-Ludwig Schuchmann (1984)): 15 g Zucker (Trauben- und Fruchtzucker zu gleichen Teilen), 5 g eines Eiweiß-Multivitamin-Mineralstoff-Präparats, 90 ml handwarmes Wasser. Diese Menge entspricht dem Tagesbedarf von 2 Nektarvögeln.

Zucker und Zusatz im Wasser lösen; umrühren mit Holz- oder Plastiklöffel (kein Quirl oder Mixer!), denn durch Metallöffel oder zuviel Sauerstoff, der durch Quirl oder Mixer in die Lösung gelangt, werden Vitamine zerstört. Hinweis: Die Zuckerkonzentration darf 20% nicht überschreiten; es kann sonst zu schweren Darmschäden kommen.

Zusatzfutter

Die folgenden Futtervorschläge ergänzen und bereichern das Grundfutter, sind jedoch nicht als alleiniges Futter geeignet. Es handelt sich um Nahrungsmittel, die dem Weichfresserhalter keine großen Bemühungen abverlangen, da sie häufig im Haushalt vorhanden sind.

Freßgemeinschaft. Viele soziale Arten wie Brillenvögel dulden einander auch am Futternapf.

Obst und Grünfutter
Früchte gehören zur natürlichen Nahrung der Weichfresser. Sie sind reich an Vitaminen, Fruchtsäuren, Mineral- und Ballaststoffen. Da Früchte viel Wasser enthalten, wird der Kot bei Fruchtfütterung oft sehr breiig und dünn, so daß der Bodenbelag von Käfig oder Voliere öfters gewechselt werden muß.

Für die Weichfresserfütterung können Sie auf ein breites Angebot von Obst und Gemüse zurückgreifen, hier einige Beispiele:
• Kultur- und Wildfrüchte wie Äpfel, Birnen, Kirschen, Orangen, Mandarinen, Bananen, Weintrauben, Rosinen, Kiwis, Kaktusfeigen, Feigen, Himbeeren, Erdbeeren, Vogelbeeren, Holunderbeeren, Feuerdorn, Hagebutten und viele andere.
• Gemüse wie Tomaten, Salatgurken (geschält).
• Grünfutter wie Vogelmiere, Blattsalat, Feldsalat, Petersilie, Spinat, Kresse.
Hinweis: Füttern Sie kohlenhydratreiche Früchte wie Bananen, Weintrauben, Rosinen und Feigen sparsam, damit Ihre Weichfresser nicht verfetten. Außerdem beachten: Grundsätzlich nur ungespritztes Obst und Gemüse verwenden.
Vorratswirtschaft: Viele Früchte lassen sich eingefroren gut aufbewahren. Verfüttert werden dürfen sie jedoch nur, wenn sie ganz aufgetaut sind. Beeren können auch durch Trocknen haltbar gemacht werden. Kresse läßt sich auf der Fensterbank ziehen und steht somit sogar im Winter immer frisch zur Verfügung.
Zubereitung: Früchte je nach Größe ganz, halbiert oder gewürfelt reichen. Gewürfelte Früchte schnabelgerecht fein schneiden; die Vögel zerklopfen sonst die Brocken auf den Sitzstangen oder lassen sie auf den Boden fallen, wo sie mit Krankheitskeimen in Berührung kommen können.
Blattfutter fein zerschnitten unter das Grundfutter mischen.

Hühnereier
Ideales Zusatzfutter, das von fast allen Vögeln gerne gefressen wird. Eier enthalten in frischem Zustand fast alle Nähr- und Aufbaustoffe, die ein Vogel braucht.

Zubereitung: Ein Ei 12 Minuten lang kochen, mit Gabel fein zerdrücken, mit geriebenem Zwieback vermischen. Weitere mögliche Zusätze: Kindergrieß, Milchpulver, Weizenflocken, Vitamin- und Mineralstoffpräparate.
Hinweis: Eier nie roh verfüttern (Gefahr von Infektionen). Eifutter stets nur in kleinen Mengen verabreichen wegen des hohen Protein- und Kohlenhydratanteils.

Honig

Besitzt einen hohen Zuckergehalt (zirka 75%) und ist Bestandteil vieler Nektarrezepturen. Außerdem wird er für die Zubereitung von Weichfuttermischungen (Honigmischungen) verwendet. Er wird mit Wasser verdünnt von vielen nektartrinkenden Vogelarten gerne aufgenommen, ist jedoch kein vollständiger Nektarersatz, da wichtige Nährstoffe fehlen.

Pollen

Wertvolle Bereicherung der Weichfressererrnährung, da hoher Gehalt an essentiellen Aminosäuren, Mineralstoffen, Spurenelementen, Vitaminen, essentiellen Fettsäuren, Enzymen.
Zubereitung: In mikropulverisierter Form in Apotheken oder Reformhäusern kaufen. Pulver mit dem Grundfutter, Eifutter (→ Seite 37) oder Nektartrank (→ Seite 35) mischen.

Milch und Milchprodukte

Sollten mit Vorsicht an Weichfresser verfüttert werden, da Vögel den darin enthaltenen Milchzucker (Lactose) nicht verarbeiten und deshalb erkranken können.
Keine Probleme bereiten hingegen Quark und Frischkäsesorten, da ihr Gehalt an Lactose nur sehr gering ist. Quark ist sehr zu empfehlen, denn er ist reich an hochwertigem Eiweiß und Mineralstoffen.
Zubereitung: Quark zum Anfeuchten von Insektentrockenfutter verwenden oder als Zusatz in einem Nektartrank.

Andere Nahrungsmittel

Kindersäfte, Sojamehl, Weizenflocken, zerkleinerte Nüsse und ähnliche nährstoffreiche Produkte als gelegentliche Zusätze zum Grundfutter geben.
Fleisch und Fisch sind sehr proteinreich; geeignet sind vor allem gekochtes Rinderherz oder Süßwasserfisch. Beides wird nur von manchen Weichfressern akzeptiert.

Weiteres Ergänzungsfutter

Diese Futtermittel sind in ihrer Zusammensetzung auf die Bedürfnisse spezieller Tierarten abgestimmt. Eine alleinige Fütterung der Weichfresser damit würde bald zu Über- oder Unterversorgung mit manchen Nährstoffen führen. Als Beifutter – unters Grund- oder Eifutter gemischt – sind sie aber eine wertvolle Bereicherung.
Beoperlen: Preßfutter (im Zoofachhandel angeboten); Weichfressern nicht ausschließlich, sondern nur neben einer abwechslungsreichen, fruchtreichen Kost füttern. Sie können größeren Arten (Sonnenvögeln, Bülbüls) ganz angeboten werden; für kleinere Arten wie Brillenvögel müssen Beoperlen zerkleinert oder angefeuchtet werden.
Kükenalleinkorn: Preßfutter; sehr nährstoffreich, wird von manchen Weichfressern angenommen.
Futtermehle: Kükenaufzucht- und Legemehle; sehr nährstoffreich. Tierkörpermehle, Fleischmehle, Blutmehl, Fischmehl; sehr eiweißreich; Gefahr der einseitigen Nährstoffversorgung.
Hundeflocken: Trockenfutter aus Haferflocken, Ei und Fleisch. Bülbüls und Sonnenvögel fressen es ohne weitere Zubereitung, wenn es über Nacht in Wasser angefeuchtet wurde.
Sämereien: Halbreife Sämereien oder gekeimtes Körnerfutter werden von manchen Weichfressern angenommen. Körnerfutter (Hirse, Glanz, zerquetschter Hanf) wird von Sonnenvögeln gelegentlich gefressen.

Grundstoffe der artgerechten Nahrung

Grundstoffe	Funktion	Vorkommen in	Besondere Hinweise
Eiweiß (Protein)	Vor allem Baustoff für Organismus	Beutetieren (zum Beispiel Insekten, Würmern, Spinnen); Weichfutter, Alleinfutter, Milchprodukten, Ei	Erhöhter Eiweißbedarf in der Wachstumsphase, der Mauser, der Fortpflanzung. Besonders wichtig: essentielle Aminosäuren (Eiweißbausteine, die der Organismus nicht selbst herstellen kann).
Kohlenhydrate	Energiespender	Früchten, Blütennektar; Honig	Vor allem im Herbst wird vermehrt kohlenhydratreiche Kost (Beeren, Obst) aufgenommen, um Fettpolster für den Winter anzulegen.
Fett	Energiespender; wird besonders für Notzeiten gespeichert. (Fettpolster = Depotfett)	Beutetieren, manchen Früchten; fetthaltigem Futter, Nüssen	Bei Haltung in menschlicher Obhut nur geringer Energiebedarf. Bei reichlichem Futterangebot Neigung zum Verfetten.
Vitamine	Vielfältige Funktionen im Stoffwechsel; können vom Körper nicht selbst hergestellt werden und müssen mit der Nahrung aufgenommen werden.	Nahrung (in unterschiedlicher Zusammensetzung); Vitamin-Präparaten als Zusatz im Trinkwasser oder im Futter)	Erhöhter Vitaminbedarf zur Brutzeit, bei der Mauser; davor jeweils einwöchige Vitaminkur durchführen. Auch bei oder nach Krankheit zusätzliche Vitamingaben notwendig.
Mineralstoffe und Spurenelemente	Vielfältige Funktionen als Baustoff und im Stoffwechsel	Früchten, Milchprodukten; Erde (frisch und ungedüngt!); Mineralstoffmischungen	Schale mit frischer Erde stets zur Verfügung stellen. Manche Insekten (zum Beispiel Maden) sind sehr mineralstoffarm; sie müssen vor dem Verfüttern mit einer Mineralstoffmischung bestreut werden.
Wasser	Aufbau des Körpergewebes; Stoffwechselfunktionen; Lösungs- und Transportmittel für andere Nährstoffe	frischem Leitungswasser; Mineralwasser ohne Kohlensäure	Ausreichende Wasserversorgung für Vögel besonders wichtig, da hohe Stoffwechselleistung; Körper speichert nur geringe Wasserreserven (geringes Fluggewicht). 1½ Tage ohne Wasser können bereits tödlich sein. Kein angekochtes Wasser anbieten; beim Abkochen gehen Mineralstoffe verloren.
Ballaststoffe	Fördern Darmtätigkeit, führen keine Energie zu.	faserreichen Pflanzen; Chitin, Hornsubstanzen	Wichtig in der Vogelhaltung: vermittelt Sättigungsgefühl, ohne Fettansatz zu fördern.

Lebendfutter

Die meisten Weichfresser – auch die frucht- und nektarfressenden Arten – fressen Kleinlebewesen wie Insekten, Spinnen, Tausendfüßer und Würmer und decken damit ihren Eiweißbedarf. Zur Aufzucht ihrer Jungen verwenden sie fast ausschließlich Beutetiere, kaum Weichfutter. Lebendfutter ist also für die Aufzucht der Jungen unerläßlich und für die Vogeleltern eine notwendige Ergänzung zum Weichfutter.

Beschaffung

Lebende Insekten wie Mehlwürmer, Pinky-Maden, Grillen und Enchyträen bekommen Sie das ganze Jahr über im Zoofachhandel. Sie haben aber auch die Möglichkeit Lebendfutter zu fangen oder zu züchten (→ Futtertierzucht, Seite 41).

Fang: Alte Fangmethoden sind beispielsweise das Abkeschern von Wiesen und Gewässern, das Aufstellen von Lichtfallen, das Abklopfen von Bäumen, unter die man zuvor einen Schirm oder ein Tuch gespannt hat, um die herunterfallenden Insekten aufzufangen. Auf diese Methoden sollte heute aus vielen Gründen verzichtet werden:

• Viele Insektenarten sind vom Aussterben bedroht und geschützt. Sie dürfen nicht gefangen werden.

• Wildinsekten können pestizidvergiftet oder mit Schadstoffen aus der Umwelt behaftet sein; als Futtertiere gefährden sie möglicherweise Ihre Weichfresser.

• Vor allem Würmer und Schnecken können als Zwischenwirte Parasiten auf Ihre Vögel übertragen.

Empfehlenswerte Methoden: Die folgenden genannten Methoden sind natürlich nur dann geeignet, wenn die Futtertiere möglichst nicht mit Pestiziden in Berührung gekommen sind.

• Stecken Sie von Schadinsekten (Blattläusen, Pappelläusen) befallene belaubte Zweige in Käfig oder Voliere.

• In laubreicher Walderde verbergen sich mehr Kerbtiere, als man glaubt. Stellen Sie die Erde in flacher Schale in Käfig oder Voliere, die Vögel werden begierig darin herumpicken.

• Pflanzen Sie in und um die Freivoliere Gewächse, die Insekten anziehen (zum Beispiel Nachtkerzen, Holunder, einheimische Wildkräuter).

Schamamännchen am Futternapf. Die Futterbrocken werden bei seitlich geneigtem Kopf mit nur einem Auge fixiert.

• Informieren Sie sich über Methoden der biologischen Schädlingsbekämpfung. Mit ihnen können Sie gezielt und giftfrei Schadinsekten zum Verfüttern gewinnen.

Zucht: Gegen die Zucht von Insekten bestehen weder ökologische noch toxikologische Bedenken. Gezüchtete Futtertiere können Sie in ausreichender Menge vorrätig halten. Aufgrund all dieser Vorteile ist diesem Thema ein eigenes Kapitel gewidmet (→ Futtertierzucht, Seite 41).

Richtig füttern

Futter und Futterstellen

Bei Käfig- und Volierenhaltung:
• Futter muß einwandfrei sein; Gefäße so aufstellen, daß Futter nicht durch Kot, Bade- oder Regenwasser verunreinigt werden kann. Für Trink- und Badewasser gelten die gleichen Grundsätze.
• Bei Gemeinschaftshaltung: Ausreichendes Angebot an Futterstellen und -gefäßen schaffen, damit auch schwächere Vögel satt werden und Streit ums Futter vermieden wird.
• Die Futterstellen oder -näpfe so anbringen, daß sie der naturgemäßen Art der Nahrungsaufnahme entsprechen. Das heißt: Die Gefäße für Bodenvögel auf den Boden stellen, für Bewohner der Wipfelregionen erhöht anbringen.
• Das Futter muß schnabelgerecht und in Größe und Zusammensetzung der Vogelart angepaßt sein. Zum Beispiel: Beo – große Happen, große Obstanteile; Schama – feinere Futterbrocken, überwiegend Insektenanteil; Brillenvögel – großer Fruchtanteil, Nektartrank.
• Futter möglichst so darreichen, daß Beschäftigungsmöglichkeit damit verbunden ist. Zum Beispiel: Beeren an Zweigen lassen und nicht pflücken; belaubte Zweige oder Laubwald-Erde mit Kleinlebewesen.
• Futterreste in den Müll geben und nicht an freilebende Vögel verfüttern (sie können verdorben sein oder Krankheitserreger enthalten). Wenn regelmäßig Futter übrig bleibt, sollten Sie Menge und Zusammensetzung des Futters überprüfen.

Futtermenge

Nach einer Faustregel entspricht die tägliche Nahrungsmenge eines Singvogels etwa seinem Körpergewicht. Dies ist jedoch nur ein grober Anhaltspunkt. Die Futtermenge von Weichfressern ist abhängig

• von der Zusammensetzung des Futters;
• von der Größe des Käfigs oder der Voliere (je mehr Bewegung die Vögel haben, desto mehr Futter können sie vertragen);
• vom Zyklus (zur Brutzeit und Mauser mehr Eiweiß, im Herbst mehr kohlenhydratreiche Früchte);
• von der Temperatur (bei kühler Überwinterung kohlenhydratreiches Futter, bei warmer Überwinterung ballaststoffreiche, kohlenhydratarme Nahrung).

Fütterungszeiten

Geben Sie das Futter stets zu festen Zeiten, da die Vögel ihren Tagesrhythmus danach ausrichten. Weichfutter immer frisch am Morgen reichen. Leicht verderbliche Weichfuttermischungen (frisch angemachtes Weichfutter, Nektarersatz) zumindest an heißen Sommertagen nachmittags gegen frisches auswechseln.
Vögel sind Frühaufsteher. Sorgen Sie deshalb dafür, daß Ihre Pfleglinge bereits am frühen Morgen Futter vorfinden (zum Beispiel Fertigfutter, Obst).

Haltung und Zucht von Futtertieren

Vor der Futtertierzucht zu beachten

Eine Reihe von Insekten, die für die Ernährung von Weichfressern in Frage kommen, lassen sich gut züchten. Dies ist aus vielen Gründen vorteilhaft. Anders als beim Fang von Wildinsekten greifen Sie nicht in den natürlichen Artenbestand ein. Die gezüchteten Insekten sind optimal ernährte Futtertiere. Die Futtertierzucht ist im allgemeinen preiswert. Bei richtiger Zuchtplanung haben Sie immer genügend Futtertiere auf Vorrat.

Futterinsekten, die sich gut züchten lassen

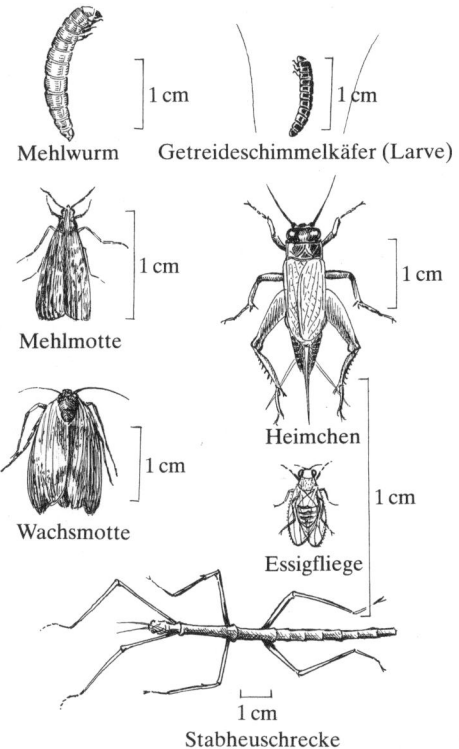

Mehlwurm   Getreideschimmelkäfer (Larve)

1 cm   1 cm

Mehlmotte

Wachsmotte

Heimchen

1 cm

Essigfliege

1 cm

Stabheuschrecke

1 cm

Viele dieser Insekten sind Schadinsekten im menschlichen Lebensbereich. Bei ihrer Haltung ist immer Vorsicht geboten, damit sie nicht entweichen und Schaden anrichten. So gefräßige Insekten wie Schaben und Speckkäfer sollten Sie aus diesem Grund nicht züchten.

Achten Sie sorgfältig darauf, daß das Futter für die Zuchtinsekten unbehandelt ist. Grünzeug gut waschen und Früchte im Zweifelsfall schälen! Viele Gifte, die Lebensmittel vor Schädlingen bewahren sollen, könnten gerade den Zuchtinsekten schaden. Vorsicht, manche werden resistent und können die Gifte auf Ihre Vögel übertragen.

Mehlkäfer

Das bekannteste und am meisten verwendete Futterinsekt ist der Mehlwurm, der kein echter Wurm, sondern die Larve des Mehlkäfers *(Tenebrio molitor)* ist. Mehlwürmer lassen sich leicht aufbewahren und züchten.

Mehlwürmer werden von allen Weichfressern gerne verzehrt; trotzdem sind sie keine idealen Futterinsekten. Zu reichliche Verfütterung kann bei Vögeln zu gesundheitlichen Schäden wie Fußgeschwüren und Augenerkrankungen führen.

Vermutete Ursachen: Ungünstige Auswirkungen auf den Vitaminhaushalt, hoher Fettgehalt, Mangel an Mineralstoffen und giftige Bestandteile in der Chitinhülle.

Abhilfe: Vor dem Verfüttern mit einem Vitamin-Mineralstoff-Präparat bestreuen, nur in Maßen reichen (pro Tag etwa 6 bis 10 Stück für einen Vogel von Sonnenvogelgröße). Zum Verfüttern eignen sich vor allem die frisch gehäuteten Larven und Puppen (sind ohne feste Chitinhülle), sowie die frisch geschlüpften, weißlichen Käfer, deren harter, schwarzer Chitinpanzer sich erst in den ersten 2 Tagen bildet.

Wissenswertes vor Zuchtbeginn: Mehlwürmer sind das ganze Jahr über im Zoofachhandel erhältlich. Ihre Zucht rentiert sich nur, wenn Sie eine größere Vogelgemeinschaft hegen, oder wenn Sie selbst Weichfresser züchten wollen und für die Aufzucht viele, vor allem auch kleine Mehlwürmer benötigen.

Bei mehreren Weichfressern oder für die Jungenaufzucht sollten Sie sich einen größeren Vorrat von Mehlwürmern anlegen, die Sie gleich halbpfund- oder pfundweise kaufen sollten. Vorteil: Vor der Aufbewahrung können Sie die Larven optimal ernähren, und Sie haben stets auch eine genügende Anzahl an frisch gehäuteten, chitinarmen Larven zur Verfügung.

Zucht

Zuchtbehälter: Glattwandige, flache Schalen (zum Beispiel Plastikschüsseln) mit Weizenkleie füllen. Als Versteckmöglichkeit Eierkartons, Wellpappe oder alte Lappen auf Kleie legen. Behälter mit Gaze oder Stoff abdichten, da Käfer flugfähig sind.

Nahrung: Käfer und Larven brauchen Kleie, Haferflocken, Legemehl, Sojamehl, Paniermehl, frisches Obst und Gemüse (zum Beispiel Äpfel, Weizen- oder Sojakeime, Möhren, Steckrüben). Die Menge des Frischfutters sollte an einem Tag von den Insekten verzehrt werden können, damit die Kleie nicht feucht wird. Sonst Gefahr von Futtermilben.

Temperatur und Entwicklungszeit: Entwicklungszeit abhängig von Temperatur und Fütterung. Bei optimaler Umgebungstemperatur (27 °C): Entwicklungszeit vom Ei bis zum geschlechtsreifen Käfer 10 bis 12 Wochen. Bei nur 20 °C: Fast ½ Jahr.

Entwicklung: Eiablage lose in Kleie – Schlüpfen der winzigen Larven (Mehlwürmer) – mehrere Häutungen – Puppenstadium – Käfer. Das Verpuppen der Larven können Sie durch eine kühle Aufbewahrung verzögern.

Getreideschimmelkäfer

Der marienkäfergroße schwarzglänzende Getreideschimmelkäfer *(Alphitobius diaperinus)* – ein kleinerer Verwandter des Mehlkäfers – ist wie dieser ein Vorratsschädling und ein ausgezeichnetes Futterinsekt.

Nur Larven zum Verfüttern geeignet. Von geringer Größe (etwa 1 cm lang), deshalb besonders gut für kleine Weichfresser, zum Beispiel Brillenvögel.

Wissenswertes vor Zuchtbeginn: Getreideschimmelkäfer sind im Zoofachhandel nur gelegentlich erhältlich. Angebote von Zuchtansätzen in Fachzeitschriften.

Zu finden in Getreidespeichern oder Futterlagern von Nutztieren. Keine Käfer aus Geflügelbeständen verwenden! Gefahr der Übertragung von Krankheitserregern.

Zucht

Zuchtbehälter und Nahrung: Wie bei Mehlwurm (→ Seite 42).

Temperatur und Entwicklungszeit: Bei 25 °C und darüber ungefähr 5 bis 8 Wochen; bei Temperaturen unter 20 °C ist Zucht sinnlos, da zu lange Entwicklungszeiten und unergiebige Nachwuchsrate.

Grillen

Wegen leichter und ergiebiger Züchtbarkeit sehr empfehlenswerte Futterinsekten. Verschiedene Arten geeignet, zum Beispiel Heimchen *(Acheta domestica)*, Zweifleck-Grille *(Gryllus bimaculatus)*. Können in allen Entwicklungsstadien je nach Vogelgröße verfüttert werden.

Lebende Grillen nur in abgedichteten Vitrinen verfüttern, bei Käfig- oder Volierenhaltung die Grillen vor dem Verfüttern abtöten. Ratschlag:

Wenn die Grillengeneration zur benötigten Größe herangewachsen ist, stecken Sie morgens die Eierkartons, in denen die Tiere noch ruhen, in Gefrierbeutel, verschließen diese und legen sie in die Gefriertruhe (nicht in den Kühlschrank!). Auf diese Weise werden die gezüchteten Grillen schnell und schmerzfrei getötet und in ernährungsphysiologisch wertvoller Weise konserviert.

Hinweis: Ersetzen Sie am Abend vor dem Einfrieren die alten, verschmutzten Eierkartons durch neue; so erhalten Sie eine besonders saubere Ausbeute.

Wissenswertes vor Zuchtbeginn: Grillen zur Zucht sind im Zoofachhandel erhältlich. Sie können wegen ihrer großen Sprungkraft besonders leicht entkommen. Ihr lautes Gezirpe wird oft als störend empfunden.

Zucht

Zuchtbehälter: Zwei geschlossene Terrarien (Grundfläche 40 × 25 cm) von mindestens 30 cm Höhe, damit Grillen beim Öffnen des Deckels nicht herausspringen können. Als Lüftung: Fliegendraht. Oder: Plastikterrarien, die einen Deckel mit engen Lüftungsschlitzen haben. Ausstattung: Übereinandergestapelte Eierkartons als Versteck. Eine Glühbirne (25 Watt) etwa 12 Stunden am Tag einschalten als Wärmequelle. Flache Schalen für Futter, ein Trinkröhrchen mit Wasser (Wasser nicht in Schalen reichen, die kleineren Grillen können darin ertrinken), ein 10 bis 12 cm hohes Gefäß mit frischer Erde für die Eiablage. Erde feucht, aber nicht naß halten. Alternative für Erde: Blumensteckmoos. Bodenbelag der Terrarien: Sand, Katzenstreu. Muß immer trocken sein, damit Weibchen ihre Eier nicht in Bodensubstrat legen.

Nahrung: Trockenfutter (zum Beispiel Hundeflocken, Kleintierfutter, Kükenpreßfutter) zermahlen und mit frischem Grünfutter und Obst jeglicher Art mischen.

Temperatur und Entwicklungszeit: Bei 25 °C schlüpfen die jungen, knapp ameisengroßen Grillen nach etwa 14 Tagen. Bei 20 °C: Nach etwa 21 Tagen (gilt für Heimchen. Zweifleck-Grillen benötigen mehr Wärme.). Grillen werden etwa 12 Wochen alt.

Hinweis: Ersetzen Sie nach 12 bis 14 Tagen das Eiablagegefäß durch ein neues. Stellen Sie das alte Gefäß in das zweite Terrarium, damit die Jungen ungestört schlüpfen können und nicht von den Alttieren gefressen werden.

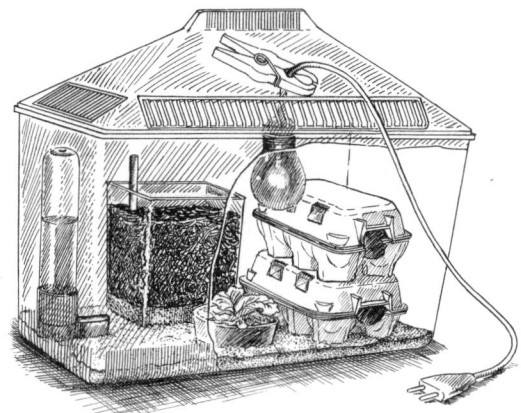

Zuchtbehälter für Grillen. Er muß ausreichend hoch sein und darf nur schmale Belüftungsschlitze im Deckel haben, damit die Grillen nicht herausspringen können.

Stabheuschrecken

Zum Beispiel die Indische Stabheuschrecke *(Carausius morosus);* leicht zu pflegen und zu vermehren. Stabheuschrecken können in allen Stadien (1 bis 6 cm) je nach Vogelgröße verfüttert werden. Für Weichfresser am besten geeignet: 1 bis 3 cm lange Tiere. Es sind wertvolle Futtertiere, da sie als Pflanzenfresser viel Carotin enthalten.

Zum Verfüttern die Tiere in flache weiße Schalen streuen. Wegen ihrer guten Tarnung und starren Ruhestellung (Stabheuschrecken sind nachtaktiv) werden sie sonst von Vögeln schlecht gesehen.

Wissenswertes vor Zuchtbeginn: Sind im Zoofachhandel kaum erhältlich. Mögliche Bezugsquellen: Zoologische Institute, Anzeigen in Fachzeitschriften für Terrarianer.

Sie springen nicht und sind deshalb leicht zu handhaben.

Stabheuschrecken sind eine feminine Gesellschaft, in der Männchen nur sehr selten vorkommen. Vermehrung hauptsächlich durch Jungfernzeugung.

Zucht

Zuchtbehälter: Terrarium mit Gaze oder Fliegendraht verschließen (gute Belüftung!). Ausstattung: Pflanzen in enghalsigen Wassergefäßen. Bodenbelag: Sand, Fließpapier.

Nahrung: Frische Zweige (zum Beispiel von Laubgehölzen, Efeu), Tradeskantien; keine zusätzliche Wassergabe erforderlich.

Temperatur und Entwicklungszeit: Bei Zimmertemperatur schlüpfen die Jungen nach etwa 13 bis 20 Wochen aus den Eiern.

Essigfliegen

Verschiedene Arten der Gattung *Drosophilia*, nur millimetergroß; es gibt flugunfähige Zuchtrassen. Essigfliegen sind eine von Vögeln sehr geschätzte, wertvolle Eiweißnahrung – vor allem für kleine Weichfresser (wie Brillenvögel) – und eine große Bereicherung bei der Jungenaufzucht.

Bei Vitrinenhaltung können flugfähige Arten verfüttert werden. Sonst sind flugunfähige Rassen zu empfehlen. Sie können portionsweise auf die Käfigschublade gegeben werden.

In Freivoliere oder Vogelhaus: Eimer mit geschälten Obstabfällen und Essigfliegen in Flugraum stellen. Zuchtgefäß mit Drahtgeflecht (etwa 1 cm Maschenweite) abdecken, damit die Vögel nicht an die gärenden Abfälle gelangen.

Wissenswertes vor Zuchtbeginn: Zuchtrassen im Zoofachhandel erhältlich, auf Inserate in Fachzeitschriften achten. Im Sommer stellen sie sich an Obstresten von selbst ein und sind leicht einzufangen.

Zucht

Zuchtbehälter: Honig-, Konserven- oder Einweckglas; als Sitzmöglichkeit für die Fliegen Holzwolle, Maschendraht oder ähnliches hineingeben. Gefäß mit Gaze oder Nylonstrumpf verschließen.

Nahrung: Essigfliegen leben von den in gärendem Obst entstehenden Mikroorganismen und deren Produkten.

• Geeignete Früchte: Zum Beispiel Bananen, Orangen, Mandarinen. Vorsicht: Früchte schälen, Pestizidrückstände aus der Schale könnten mit den Fliegen in die Vögel gelangen. Durch Obstgärung starke Geruchsbelästigung.

• Andere Möglichkeit: Halbfester Obstbrei mit Zusatz von Essig, Hefe, Vitaminen, Zucker und Kleie oder Haferflocken.

• Kaum Geruchsentwicklung bei speziellen Nährböden (gibt es in Pulverform zum Anrühren im Zoofachhandel).

Temperatur und Entwicklungszeit: Zimmertemperatur (nicht unter 20 °C) ausreichend. Weibchen legt innerhalb von 2 Wochen etwa 300 Eier, aus denen sich in 2 weiteren Wochen die Fliegen entwickeln.

Rotbauchniltava (Rotbauchfliegenschnäpper), *Niltava sundara* – ein farbenprächtiger Vertreter der Fliegenschnäpper-Sippe mit einer wohltönenden Stimme. ▷

Haltung und Zucht von Futtertieren

Mehlmotten

Mehlmotten *(Ephestia kuehniella)* und verwandte Arten sind Vorratsschädlinge, die leicht zu züchten sind. Sowohl die kleinen Motten (2 cm Flügelspannweite) als auch ihre Raupen werden gerne gefressen.
Die Raupen können mit einer Pinzette aus dem Zuchtbehälter entnommen werden.
Wenn Sie den Zuchtbehälter eine Weile in den Kühlschrank stellen, bewegen sich die Motten kaum mehr und sind ebenfalls mit der Pinzette einzusammeln.
Wissenswertes vor Zuchtbeginn: Gibt es nicht zu kaufen; müssen gefangen werden. Halten sich in Getreideprodukten auf, auch in Körnerfutter oder einer Mehlwurmkiste. Erkennbar an Gespinsten, in denen ihre Raupen leben. Vorsicht! Mehlmotten nicht in der Wohnung, nur in einem Vogelhaus züchten – und auch da nur, wenn dort nicht gleichzeitig andere Insektenzuchten auf Mehlbasis (etwa Mehl- oder Getreideschimmelkäfer) untergebracht sind. Grund: Ein Entweichen einzelner Motten ist nie zu verhindern, und diese machen sich unweigerlich in allen Mehlkisten breit.

Zucht
Zuchtbehälter: Behälter gut mit Fliegendraht (kleinste Maschenweite!) zur Belüftung verschließen. Achtung: Weder Stoff- noch Plastikgaze verwenden, beides kann von Raupen zerfressen werden. Behälter bis zur Hälfte mit Nährsubstrat füllen, darauf einige Schichten Wellpappe zum Verstecken und Verpuppen geben.
Nahrung: Kleie, Küken-, Legemehle oder ähnliche Stoffe.
Temperatur: Zimmertemperatur.

Wachsmotten

Die Große *(Galleria mellonella)* und die Kleine Wachsmotte *(Achroea grisella)* – zwei andere Kleinschmetterlingsarten – schmarotzen in Bienenstöcken, wo sie durch Auffressen der Wachswaben, aber auch durch Einspinnen der Bienenbrut großen Schaden anrichten. Motten und Raupen sind zu verfüttern wie Mehlmotten.
Wissenswertes vor Zuchtbeginn: Wachsmotten können Sie bei Imkern erhalten. Sie sind schwieriger zu züchten als Mehlmotten, dafür ist ihre Haltung risikoloser, denn Wachsmotten halten sich nur dort auf, wo es viel Wachs und Wärme gibt.

Zucht
Zuchtbehälter: Unterbringung wie Mehlmotten, auch ihren Raupen dient Wellpappe zum Verpuppen.
Nahrung: Alte Honigwaben, die Sie bei Imkern erhalten können. Mit diesem Nährsubstrat den Zuchtbehälter bis zur Hälfte auffüllen.
Temperatur und Entwicklungszeit: Wachsmotten benötigen Dunkelheit und ausreichende Wärme. Bei optimaler Temperatur (27 bis 28 °C) beträgt die Entwicklungszeit 6 bis 7 Wochen.

◁ Verwandte aus der Familie der Sänger. Oben: Dajal (Dajaldrossel), *Copsychus saularis* – Männchen; unten links: Schama-Pärchen (Schamadrossel), *Copsychus malabaricus* – rechts Männchen, links Weibchen; unten rechts; Damadrossel-Pärchen, *Geokichla citrina* – links Männchen, rechts Weibchen.

Enchyträen

Enchyträen *(Enchytraeus albidus)* sind keine Insekten, sondern zarte, weiße Würmer aus der Sippe der Borstenwürmer, kaum stärker als ein Zwirnsfaden und bis zu 5 cm lang. Sie werden von Weichfressern gerne gefressen.

Die Würmer sammeln sich im Zuchtbehälter an den Futterstellen, können dort leicht mit einer Gabel entnommen werden.

Die Enchyträen mit der an ihnen haftenden Erde den Vögeln (in einer flachen Schale) vorsetzen. Die Erde versorgt die Weichfresser zugleich mit Mineralstoffen.

Wissenswertes vor Zuchtbeginn: Zuchtansätze der Würmer sind im Zoofachhandel häufig erhältlich.

Die Zucht von Enchyträen ist einfach, die Kultur jedoch recht empfindlich; die Erde muß immer feucht und locker (nicht naß) gehalten werden; es stellen sich leicht Milben oder Schimmelpilze ein. Sie sollten abwägen, ob sich der Aufwand der Enchyträenzucht für Sie lohnt, oder ob Sie die Würmer besser beim Zoofachhändler regelmäßig kaufen.

Zucht

Zuchtbehälter: Flache Holzkiste mit lockerer, humusreicher Erde füllen (Mischung aus ungedüngter Blumenerde, Laub und Torf).

Nahrung: Gemisch aus Haferflocken, geriebenen Möhren, Kindernährmehl und einem Vitaminpräparat, das kurz in Milch aufgekocht wurde. Es muß eine streichfähige, halbfeste Masse entstehen. Masse in einer dünnen Schicht an einer Stelle flach auf die Erde streichen und mit leichter Erdschicht abdecken (um Schimmelpilze zu vermeiden). Menge: Futter sollte in 2 Tagen aufgefressen sein.

Temperatur und Entwicklungszeit: Bei Dunkelheit und Zimmertemperatur beträgt die Entwicklungszeit etwa 3 Wochen.

Nicht zu züchtende Futtertiere

Pinky-Maden

Schmeißfliegenmaden (1 cm lang). Im Zoofachhandel oder in Angelgeschäften erhältlich.

Aufbewahrung: In mit Kleie gefüllten Gefäßen, kühl (sonst Verpuppung innerhalb weniger Tage). Werden von vielen Altvögeln zur Jungenaufzucht akzeptiert.

Bienenbrut

Drohnenmaden der Honigbiene. Beim Imker erhältlich.

Aufbewahrung. In den Waben einfrieren und in gefrorenem Zustand zum Verfüttern aus den Waben brechen. Gut geeignet für die Aufzucht, vor allem die Handaufzucht (→ Seite 54).

Ameisenpuppen

Getrocknet oder tiefgefroren im Zoofachhandel erhältlich. Wertvolle Ergänzung zum Weich- und Aufzuchtfutter.

Achtung! Die heimische Rote Waldameise ist streng geschützt, ihre Puppen dürfen nicht gesammelt werden.

Hinweis: Pinky-Maden, Drohnenmaden und Ameisenpuppen vor dem Verfüttern mit einer Mineralstoffmischung bestreuen.

Blattläuse

Als Befall an Pflanzen zu finden. Zusammen mit den Zweigen den Vögeln in ihre Unterkunft geben.

Erfolg beim Züchten ist die Krönung der Weichfresserhaltung und der letzte Beweis dafür, daß die Vögel richtig versorgt sind und sich wohl fühlen.

Züchten oder Nicht-Züchten?

Züchten: Wenn Sie Weichfresser züchten wollen, sollten Sie noch vor Zuchtbeginn abklären, wo Sie im Falle eines Erfolgs die Nachzucht unterbringen können; denn spätestens, wenn die Jungvögel erwachsen sind, werden sie in den meisten Fällen von ihren Eltern nicht mehr geduldet und als Rivalen verjagt. Sie brauchen dann eigene Käfige oder Volieren. Wenn Sie den Vögeln nicht selbst weitere Unterkünfte zur Verfügung stellen können, treten Sie am besten so frühzeitig wie möglich mit Liebhabervereinigungen (→ Anschriften, Seite 97) in Kontakt. Dort finden Sie nicht nur Gleichgesinnte, an die Sie Ihre überzähligen Weichfresser abgeben können, sondern haben auch die Gelegenheit, Vögel zu tauschen. So können Sie neue Paare zusammenstellen und der Inzuchtgefahr entgegenwirken. Oder sprechen Sie mit Zoofachhändlern; viele von ihnen übernehmen Nachzuchten.

Nicht-Züchten: Wenn Sie nicht züchten möchten, hier einige Tips, wie Sie bei artgerechter Haltung eine Nachzucht vermeiden können.
• Halten Sie gesellige Arten in jedem Fall zumindest paarweise; geben Sie den Vögeln jedoch keine Möglichkeit zum Nestbau (keine Nestunterbauten und Materialien).
• Bringen Ihre Weichfresser dennoch ein Nest zustande, sollten Sie das Paar gewähren lassen und das Gelege gegen Kunsteier austauschen. Beim Entfernen der Eier würde das Weibchen sofort neue legen, so aber wird es sogar über die normale Brutdauer hinaus auf dem Gelege sitzenbleiben, bis sein Bruttrieb erlischt.
• Auch einzelne oder zwei miteinander »verpaarte« Weibchen können ein Gelege zustande bringen. Lassen Sie sie gewähren, sonst legen sie möglicherweise bis zur Erschöpfung. Wenn kein Männchen derselben oder einer verwandten Art zugegen ist, das die Weibchen begatten könnte, ist der Austausch der Eier gegen künstliche nicht nötig, da sie ohnehin unbefruchtet sind.

Balzendes Rotohrbülbül-Paar. Rechts das Weibchen, welches das Männchen zur Paarung auffordert.

Voraussetzungen für die Zucht

Auswahl des Zuchtpaars

Vogelzüchter sind oft damit konfrontiert, daß Männchen und Weibchen mancher Arten keine eindeutigen Geschlechtsunterschiede besitzen. Da bei Vögeln die primären Geschlechtsorgane in der Bauchhöhle liegen, muß man sich an Gefiederzeichnung, Gestalt, Stimme oder Verhalten orientieren. Eindeutige Geschlechtsunterschiede weisen Schama, Dajal und Damadrossel, Sonnenvogel, Orangebauch-Blattvogel oder Rotbauchniltava auf. Kaum Unterschiede sind hingegen bei Goldstirn-Blattvogel, Weißscheitelrötel, Beo oder Brillenvogel- und Bülbülarten zu erkennen.

Die größte Wahrscheinlichkeit, ein wirkliches Paar zu erhalten, haben Sie dann, wenn Sie über längere Zeit einen Schwarm beobachten, aus dem sich Paare herausbilden, oder aber durch Tausch mit Züchtern.

Wenn Sie ein geeignetes Paar haben, sind die Probleme oft noch lange nicht zu Ende. Vor allem so territoriale Einzelgänger wie Schamas oder streitlustige Gesellen wie Blattvögel erfordern ein sehr sorgfältiges Aneinandergewöhnen der Partner (→ Seite 77 und 86).

Unterbringung

Die Zucht von Weichfressern ist im Käfig, in Vogelstube und Zimmervoliere möglich, am erfolgversprechendsten jedoch in einer Freivoliere. Der Standort sollte störungsfrei (Menschen, Haustiere, Artgenossen, Wetter), die Einrichtung dem Balzverhalten der Arten angepaßt sein.

Vögel, die bei der Balz wilde Verfolgungsjagden veranstalten, benötigen genügend Platz; bei aggressiven Arten wie Schamas und Blattvögeln müssen Sie für ausreichende Deckungsmöglichkeiten (Bodenbewuchs, lockere Reisighaufen) für das Weibchen sorgen.

Vorbereitungen rund ums Nest

In der freien Natur suchen sich die Vögel den Standort für ihr Nest und das Nistmaterial selbst aus. In der Obhut des Menschen muß dieser ihnen dabei behilflich sein.

• Legen Sie rechtzeitig einen Vorrat an Nistmaterialien wie Kokosfasern (im Zoofachhandel erhältlich), Halme, Wurzeln, Moos und Tierhaare an. Spätestens wenn das Weichfresserpaar mit der Balz beginnt, sollten Sie ihm diese Materialien in den Käfig oder in die Voliere geben.

• Die Wahl des Neststandorts fällt den Vögeln leichter, wenn Sie für eine geeignete Bepflanzung oder künstliche Zweigquirle als Nestunterlage sorgen.

• Sie können das Paar beim Nestbau unterstützen, indem Sie künstliche Nestunterlagen (Kaisernest, halboffene Nistkörbchen, Nistklotz oder Nistkästen (→ Zeichnung) anbringen. Alte Vogelnester aus Wald oder Garten aus hygienischen Gründen nicht verwenden!

Geschlossene Nistkästen mit abnehmbarem Deckel zur gelegentlichen Kontrolle.

• Sorgen Sie für einen ausreichenden Regenschutz (von oben und von der Seite), falls das Paar sein Nest im nicht überdachten Teil der Freivoliere gebaut hat.

Hinweis: Oft nehmen Weichfresser eine künstliche Nestunterlage erst an, wenn sie an der Stelle angebracht wird, an der sie selbst schon Nestbauversuche unternommen haben.

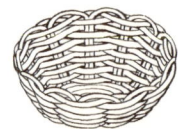

Links: Halboffener Nistkasten; rechts: Halboffenes Körbchen. Halboffene Körbchen werden als Nistunterlage von Sonnenvögeln, Brillenvögeln und Bülbüls angenommen.

Futtervorratshaltung

Legen Sie sich frühzeitig einen Vorrat an Futterinsekten (Mehlwürmern, Heimchen, Wachsmottenlarven, Getreideschimmelkäfern, Pinky-Maden, Drohnenmaden) zu, denn Weichfresser füttern ihre Jungen fast ausschließlich mit Lebendfutter. Beschränken Sie sich nicht auf eine einzige Sorte; viele Vogeleltern akzeptieren im Lauf der Jungenaufzucht plötzlich eine Insektensorte nicht mehr, die sie tagelang zuvor mit Vorliebe gefüttert haben.

Hinweis: Füttern Sie die Altvögel schon vor Brutbeginn in steigendem Maß mit verschiedenen Insekten. So können Sie herausfinden, welche Sorten sie bevorzugen, und die eiweißreiche Kost fördert ihren Bruttrieb. Reichen Sie daneben auch weiterhin das alltägliche Weichfutter, damit die Vögel davon nicht entwöhnt werden.

Paarung und Brut

Das Brutgeschäft ist ein komplizierter Vorgang, bei dem viele Faktoren eine Rolle spielen, zum Beispiel Jahresrhythmus, Lebensraum, hormonelle Prozesse, Futter und Verhaltensabläufe. Schon eine einzige Unstimmigkeit kann genügen, um eine Zucht zu vereiteln.

Brutperiode

Sie wird bei freilebenden Weichfressern je nach Verbreitungsgebiet von Sommer und Winter oder von den Regenzeiten bestimmt. Bei uns – vor allem bei Haltung in einer Freivoliere – passen sich die Weichfresser dem Verlauf der Jahreszeiten an und brüten meist im Frühjahr und Sommer.

Balz und Paarbildung

Die Balz geht der Paarbildung voraus und verläuft bei den einzelnen Arten unterschiedlich stürmisch.

Ein wildlebendes Singvogelpaar bildet sich meist nur für eine Brutperiode. In menschlicher Obhut gehaltene Weichfresser bleiben im allgemeinen auch für die folgende Zeit zusammen. Sogar sehr gesellige Arten leben während der Brutzeit ausschließlich paarweise, was bei der Zucht unbedingt berücksichtigt werden muß.

Brütender Brillenvogel. Der Untergrund des Nestes besteht aus Watte, in die aus Kokosfasern ein kleines, napfförmiges Nest eingeflochten wurde.

Neststandort

Die einzelnen Arten stellen daran ganz unterschiedliche Anforderungen. Bülbüls sind wenig wählerisch; Sonnenvögel, Blattvögel und Brillenvögel bevorzugen Zweige; Schamas brüten in Halbhöhlen oder Höhlen, und Starenvögel sind ausgesprochene Höhlenbrüter.

Eiablage

Nach Balz, Paarung und Nestbau erfolgt die Eiablage. Es wird pro Tag 1 Ei gelegt. Das Ei eines Singvogels beträgt knapp ein Drittel des Körpergewichts des Weibchens. Wenn Sie bedenken, daß pro Brut im Durchschnitt 3 bis 4 Eier gelegt werden, können Sie Leistung und Belastung des Weibchens ermessen. Eine optimale Ernährung und eine Beschränkung der Bruten (Nistmöglichkeiten und Nistmaterial entfernen!) auf maximal 3 pro Jahr sind für die Gesundheit des Weibchens unerläßlich.

Brüten

Der Brutbeginn kann nach dem ersten Ei, aber auch erst nach dem Legen des vorletzten oder letzten Eies erfolgen. Entsprechend schlüpfen die Jungen gleichzeitig oder in Abständen, wodurch erhebliche Größenunterschiede zwischen ihnen entstehen können.

Bei manchen Weichfresserarten lösen sich die Partner beim Brüten ab, bei anderen brütet das Weibchen alleine, und das Männchen beteiligt sich erst an der Fütterung der Jungen. Es kann auch vorkommen, daß das Männchen beim Brüten stört oder das Gelege zerstört. Dann muß es nach dem ersten Ei für die Dauer der Brutzeit aus dem Brutraum entfernt werden. Schon eine Begattung reicht normalerweise für die Befruchtung des ganzen Geleges aus.

Brutdauer

Beträgt bei Singvögeln etwa 12 bis 14 Tage. Spitzenreiter in der Vogelwelt überhaupt sind manche Brillenvögel mit einer Brutzeit von nur 10 Tagen und wenigen Stunden.

Die Entwicklung der Jungen

Bei Vögeln kann es keine Frühgeburten geben, da der Jungvogel die Eierschale erst durchstoßen kann, wenn er kräftig genug ist. Der Eizahn (ein Fortsatz auf dem Schnabel) hilft ihm dabei. Für den erfolgten Schlupf gibt es zwei Indizien:

• Die leeren Eierschalen, die von den Vogeleltern aus dem Nest getragen und meistens an einer entlegenen Stelle der Voliere abgelegt werden.

• Das veränderte Verhalten der Alttiere. Während sie sich zum Brüten sofort auf das Gelege setzen, sind sie nun aufgeregter, bleiben länger auf dem Nestrand sitzen, schauen in die Nestkuhle und haben eventuell auch Futter im Schnabel.

Entwicklungsstadien eines Brillenvogel-Nestlings

2. Tag nach dem Schlüpfen: Der Körper ist völlig nackt, die Augen sind geschlossen.

5. Tag: Die Blutkiele an den Schwingen, auf dem Rücken und an den Flanken sind stark ausgebildet; sie werden am kommenden Tag aufplatzen. Die Lidspalte beginnt sich zu öffnen.

10. Tag: Der Körper ist nun bis auf die Partie um Augen und Kehle vollständig befiedert. Die Schnabelwülste sind noch gut erkennbar. Seit etwa 2 Tagen sind die Augen geöffnet.

Nestlingsdauer

Die Zeit, in der der Jungvogel im Nest hockt, entspricht in etwa der Brutdauer – oft sind es einige Tage mehr. Bei der Zucht in menschlicher Obhut können diese Zeiten etwas länger ausfallen, wenn Störfaktoren aufgetreten sind.

Die Jungvögel sind zunächst noch nackt, blind und völlig hilflos. Sie werden in den ersten Nestlingstagen intensiv von den Alten gewärmt (gehudert), später, wenn das Gefieder dicht ist, bleiben sie vermehrt allein im Nest. Das Gefieder reicht nun aus, um sie warm zu halten, und die Alten haben genug zu tun, Futter herbeizuschaffen.

Aufzucht

Während der Aufzucht sollten Sie andere Weichfresser aus dem Zuchtraum entfernen. Diese würden das ohnehin meist knappe Aufzuchtfutter ebenfalls fressen, so daß den fütternden Vogeleltern nicht mehr genügend zur Verfügung steht. Am besten reichen Sie die Insektengaben in mehreren Portionen über den Tag verteilt. Die Jungvögel nehmen im allgemeinen im Alter von 3 bis 4 Wochen selbständig Futter auf und sind dann nicht mehr auf die Versorgung durch die Eltern angewiesen.

Aufzucht durch Vogeleltern, die Freiflug haben

Wenn Sie einen Garten, eine Freivoliere und etwas Mut haben, sollten Sie es einmal mit dieser Aufzuchtmethode versuchen: Sie gewähren den Altvögeln (aber erst, wenn die Jungen geschlüpft sind!) durch eine Öffnung im Volierengitter Freiflug, so daß sie die nötigen Insekten im Garten selbst fangen können. Solange die Jungen im Nest sind, werden die Alten treu zurückkehren. Sie dürfen es nur nicht versäumen, rechtzeitig (etwa einen Tag vor dem Aus-

fliegen) die Öffnung wieder zu schließen, denn wenn die ganze Familie ausgeflogen ist, kehrt sie wahrscheinlich nicht mehr in die Voliere zurück. Derart aufgezogene Junge entwickeln sich wesentlich besser, da ihnen ein sehr breites Nahrungsangebot zur Verfügung steht.

Folgendes sollten Sie bei dieser Aufzuchtmethode unbedingt beachten:
● Die Vogeleltern müssen gut eingelebt sein und von der Voliere aus den Garten sehen können, damit sie sich beim ersten Ausflug bereits auskennen.
● Die Vögel sollten nicht scheu, jedoch auch nicht handzahm sein, damit sie nicht zu fremden Menschen fliegen und sich möglicherweise einfangen lassen. Informieren Sie für alle Fälle Ihre Nachbarn!

Fütterung von Brillenvogel-Nestlingen. Die Jungen sind fast flügge. Das Gefieder ist bis auf den fehlenden Augenring bereits voll ausgebildet.

● Die Öffnung in der Voliere sollte nicht zu groß (etwa so groß wie eine Käfigtür für diese Weichfresserart) und mit einem Katzenschutz versehen sein.
● Die Öffnung muß von außen für die Vögel gut erkennbar sein, um ihnen ein rasches Einfliegen zu ermöglichen (zum Beispiel mit einem Landezweig versehen).

- Abends (sobald beide Vögel darin sind) die Voliere schließen und über Nacht geschlossen halten.
- Eine solche Haltung ist nur möglich, wenn sich keine anderen Vögel zugleich in der Voliere befinden.
- Da der hudernde Partner oft still auf dem Nest sitzt, können Artgenossen in Nachbarvolieren mit ihren Lockrufen dem Ausgeflogenen das Heimfinden in den ersten Tagen erleichtern.
- Es ist nicht möglich, mehreren Brutpaaren derselben Art in benachbarten Volieren gleichzeitig Freiflug zu gewähren. Das stärkere Paar würde das schwächere als Rivalen aus dem Garten vertreiben.
- Trotz der selbständigen Futterbeschaffung durch die Vogeleltern sollten Sie stets eine ausreichende Menge an Futterinsekten zusätzlich anbieten.
- Viele Katzen, ein standorttreuer Sperber oder starker Pestizideinsatz in der Nachbarschaft sind eine zu große Gefahr und schließen diese Freiflughaltung aus.

Handaufzucht

Sie wird notwendig, wenn die Vogeleltern im Füttern nachlassen oder es ganz einstellen.

Unterbringung: Entfernen Sie die Jungvögel mit dem Nest aus dem Brutraum oder schaffen Sie ein künstliches Nest: beispielsweise in einem Blumentopf; Heu als Untergrund ist gut geeignet für eine gesunde Entwicklung der Füße, die darauf guten Halt finden.

Solange die Jungvögel unbefiedert sind, müssen sie mit einem weichen Tuch zugedeckt und mit einer Lampe gewärmt werden. Die Temperatur sollte zwischen 30 und 38 °C liegen. Wenn die Jungen sich klamm und kalt anfühlen, ist die Temperatur zu niedrig. Hecheln sie dagegen, ist sie zu hoch.

Futter: Als Futter sind Futterinsekten, zum Beispiel Drohnenmaden, die vor dem Verfüttern in einem Kalk-Vitamin-Präparat gewälzt werden, geeignet oder ein Ersatzfutter aus Quark und Kindergrieß mit hartgekochtem Ei, schierem Rinderhack, Rinderherz, Weichfressermischung oder Kükenaufzuchtmehl, das mit Vitaminen, essentiellen Aminosäuren, Mineralstoffen und einer Prise eines Kolibrialleinfutters angereichert werden sollte.

Fütterung: Das Futter sollte halbfeucht sein, so daß es gut mit einer stumpfen Pinzette oder einem abgerundeten Holzstäbchen gereicht werden kann. Beachten Sie bei der Fütterung folgendes:

Nestling bei Handaufzucht. Der Jungvogel sitzt in einem Kunstnest. Er hat den Menschen als Elternersatz akzeptiert und sperrt die Hand bettelnd an.

- Ein paar Tropfen Wasser von der Fingerkuppe sollten nach jeder Mahlzeit gereicht werden.
- Füttern Sie kleine Portionen und häufig. Zumindest in der ersten Hälfte der Nestlingszeit – also in den ersten 5 bis 6 Tagen – jede Viertelstunde, später halbstündlich, etwa 14 Stunden am Tag.
- Wenn die Augen noch geschlossen sind, lassen sich die Jungvögel ohne weiteres durch einen Pfiff oder einen vorsichtigen, kleinen Stoß gegen das Nest zum Sperren der Schnäbel veranlassen.
- Wenn die Jungvögel ihre Eltern schon gesehen haben, sind sie anfangs nicht bereit, das Futter aus Menschenhand anzunehmen. Sie müssen für eine Übergangszeit mit sanfter Gewalt gestopft werden.

Dazu nehmen Sie den Vogel in die eine Hand, halten den Kopf vorsichtig mit Daumen und Zeigefinger und drücken das Futter mit der anderen Hand sanft mit Pinzette oder Stäbchen in die Schnabelhöhle, bis der Schluckreflex ausgelöst wird.

- Stimmt die Futterzusammensetzung, dann ist der Kot der kleinen Vögel von einem Häutchen umgeben. Diese Bällchen lassen sich leicht mit der Pinzette entfernen. Ist der Kot dagegen flüssig, sollten Sie die Fütterung überprüfen.

Handaufgezogene Jungvögel werden oft später selbständig als andere. Meist müssen sie vier Wochen und länger durch den Menschen gefüttert werden.

Wichtiger Hinweis: Handaufgezogene Vögel zeichnen sich durch große Zahmheit aus. Dennoch sollten Sie diese Art der Aufzucht nur in Ausnahmefällen durchführen, denn diese Jungen werden meistens im Verhalten keine vollwertigen Artvertreter. Einzeln handaufgezogene Weichfresser können völlig menschengeprägt werden (→ Zeichnung, Seite 30), so daß sie meistens für eine Weiterzucht nicht geeignet sind.

Ringe als Zuchtnachweis

Ringe erhalten Sie bei den verschiedenen Liebhabervereinigungen (→ Adressen, Seite 97). Sie sind im Durchmesser auf die jeweilige Vogelart abgestimmt und können nur bis zu einem Alter von etwa 8 Tagen über den Fuß geschoben werden. Ein zusätzlicher Farbring aus Plastik erleichtert später die Unterscheidung der Tiere. Die Beringung ist erforderlich, wenn Sie mit Ihrer Nachzucht an Schauwettbewerben teilnehmen wollen. Sie ist der Beleg, daß die Vögel gezüchtet sind.

Mischlingszucht

Die gezielte Mischlingszucht ist grundsätzlich abzulehnen, denn die Zuchtbemühungen sollten sich ausschließlich auf die Erhaltung der Arten und nach Möglichkeit auch der Unterarten konzentrieren.

Ob man allerdings ein brutwilliges Paar verwandter Arten, das sich mangels Artgenossen zusammengefunden hat, an der Brut hindert, muß jeder Vogelliebhaber für sich entscheiden. Vor allem zwischen Bülbüls oder Brillenvögeln bilden sich leicht Mischpaare.

Gesunderhaltung und Krankheiten

Vorbeugemaßnahmen

Viele gesundheitliche Beeinträchtigungen und Krankheiten von Weichfressern lassen sich durch eine konsequente Vorbeugung weitgehend vermeiden. Zu diesen vorbeugenden Maßnahmen zählen:

- artgemäße Unterbringung und Pflege,
- strenge Sauberkeit und Hygiene,
- Vermeidung von anhaltendem Streß (zu viele Vögel in Käfig oder Voliere, Belästigung durch stärkere Vögel, anhaltende Rivalitäten, störende Umwelteinflüsse),
- ausgewogene Ernährung,
- regelmäßige Kotuntersuchungen, um über den Gesundheitszustand der Vögel kontinuierlich informiert zu sein.

Hinweis: Es ist ratsam, gelegentlich einen anderen Vogelliebhaber einzuladen; ein Außenstehender erkennt Veränderungen oft eher als der Pfleger selbst.

Quarantänekäfig

Einen Quarantänekäfig benötigen Sie, wenn Sie mehrere Weichfresser gemeinsam untergebracht haben. Der Quarantänekäfig ist hilfreich

- um neue Vögel sorgfältig einzugewöhnen und ihren Gesundheitszustand zu kontrollieren;
- um kranke Vögel zu isolieren und vor den Mitinsassen zu schützen;
- um eine Ansteckung der gesunden Vögel durch die kranken zu vermeiden.

Der Quarantänekäfig sollte ein Kistenkäfig von mindestens 50 cm Breite sein. Eine Gitterfront ist besser als eine Glasscheibe; sie sorgt für ausreichende Frischluft, verhindert bei Infrarotlicht-Bestrahlung einen Hitzestau im Käfig, und Neuzugänge gewöhnen sich leichter hinter einem Gitter als hinter einer Scheibe ein (→ Seite 13). Als Bodenbelag empfiehlt sich Fließpapier, das täglich gewechselt wird; es ist

sauber und gibt Ihnen die beste Möglichkeit, die Kotbeschaffenheit zu kontrollieren. Im Quarantänekäfig sind Sitzstangen aus Plastik Naturzweigen vorzuziehen, weil sie sich besser reinigen und desinfizieren lassen.

Kranke Vögel haben einen erhöhten Wärmebedarf. Stellen Sie deshalb eine Infrarotlampe (Hellstrahler) so vor den Käfig, daß ein Teil des Käfigs im Wärmebereich liegt (die Temperatur sollte 38 °C nicht überschreiten), während am anderen Käfigteil die Temperatur nur etwa 20 °C betragen sollte. Der Vogel bekommt dadurch soviel Licht, daß er auch nachts Futter und vor allem Wasser aufnehmen kann. Die Lampe muß ständig brennen, eine kurzfristige Bestrahlung ist zwecklos. Nach Abschluß der Behandlung ist eine gründliche Reinigung und Desinfektion des Käfigs erforderlich.

Hinweis. Die Futter- und Wassernäpfe am kühlen Ende des Käfigs aufstellen!

Desinfektion

Für die Reinigung von Käfigen und Zubehör reicht nomalerweise ein Haushaltsspülmittel (gründlich mit klarem Wasser nachspülen!). Frische Luft und direkte Sonnenbestrahlung tragen ebenfalls zur Keimhemmung bei. Desinfektionsmittel sollten Sie nur im Krankheitsfall anwenden, und zwar hautfreundliche, formalinfreie Mittel, da manche Vögel selbst nach gründlichem Spülen noch empfindlich auf Formalinspuren reagieren.

Hinweis: Beachten Sie, daß gegen Viren, Bakterien, Pilze oder Parasiten unterschiedliche Mittel wirksam sind!

Kotproben

Bei einer mehrköpfigen Vogelschar ist es angebracht, in regelmäßigen Abständen (vierteljährlich, mindestens aber im Frühjahr und im Herbst) Kotproben einzusammeln und vom Tierarzt auf Krankheitserreger untersuchen zu lassen. So können Sie diese schon bekämpfen, bevor eine Krankheit zum Ausbruch kommt. Dies ist um so wichtiger, wenn Sie Vögel in einer Freivoliere pflegen, wo Krankheitskeime durch den Kot freilebender Vögel oder durch Beutetiere (wie Würmer und Schnecken) leicht auf Ihre Weichfresser übertragen werden können.

Es genügen Sammelkotproben (nicht von jedem einzelnen Vogel, sondern eine Probe aus jeder Voliere). Dazu legen Sie morgens ein sauberes, kunststoffbeschichtetes Brett oder eine feste Plastikfolie unter jene Zweige, die von den Vögeln häufig aufgesucht werden. Am Abend sammeln Sie die Proben ein und bewahren sie bis zum Transport zum Tierarzt kühl auf. Vor allem eine Untersuchung auf Bakterien sollte möglichst bald nach dem Einsammeln erfolgen, sonst überwuchern schneller wachsende Umweltkeime die Krankheitserreger, so daß sie nicht mehr gefunden werden können.

Wurmkuren sind nur nach einer vorherigen Kotuntersuchung und tatsächlichem Parasitennachweis sinnvoll. Jedes Wurmmittel ist nur gegen bestimmte Wurmarten gerichtet, gegen andere ohne Wirkung; auch Breitband-Mittel wirken nicht gegen alle Würmer.

Wenn keine Würmer vorhanden sind, ist die Behandlung mit einem Wurmmittel eine unnötige Belastung für den Vogelorganismus.

Sektion

Wenn in einem Vogelbestand unklare Krankheits- und Todesfälle auftreten oder Infektionsverdacht besteht, ist eine tierärztliche Untersuchung gestorbener Vögel angebracht, um weitere Verluste zu vermeiden. Dazu muß das Tier auf schnellstem Weg (Expreßversand) an ein tierärztliches Institut gesandt werden. Eine telefonische Absprache ist sinnvoll. Wenn ein Wochenende oder Feiertag dazwischen liegt, ist es ratsam, den Tierkörper kühl zu lagern oder eingefroren aufzubewahren.

Vogelapotheke

Für die Erste Hilfe und leichte Eingriffe sollten Sie stets bereithalten:
• Schere, Nagelkneifer, stumpfe und spitze Pinzette;
• Papiertücher, Watte, Wattestäbchen;
• Jodtinktur, Eisenchlorid;
• antibiotische Augensalbe;
• Trinkhalm oder dergleichen zum Schienen;
• Verbandpflaster, Mullbinde;
• Tropfpipette;
• Desinfektionsmittel für Hände und Gegenstände;
• saubere Gefäße mit Schraubdeckel zur Aufnahme der Kotproben.

Krankheitsanzeichen

Relativ eindeutig sind äußerliche Veränderungen: Blutungen, verklebte Körperöffnungen, Gewebswucherungen, Knochenbrüche. Bei manchen Erkrankungen deuten Symptome zumindest auf den Sitz des Leidens hin: Niesen, Husten, Erbrechen, Durchfälle, Lahmheiten. Vor allem bei inneren Krankheiten sind die Merkmale aber oft unbestimmt:
• Ein kranker Vogel ist sehr ruhig.
• Viele bis dahin eher vorsichtige oder scheue Vögel werden plötzlich auffallend zahm.
• Der Vogel schläft viel, wobei er meistens nicht wie ein gesunder Vogel auf einem Bein ruht, sondern sich mit beiden etwas breitbeinig und mühsam auf der Sitzstange hält.
• Das Gefieder ist aufgeplustert, die Augen sind oft halb oder ganz geschlossen.
• Die Atemfrequenz kann erhöht sein, wobei der Vogel vielfach mit leicht geöffnetem Schnabel atmet (→ Zeichnung, Seite 58).
• Ein kranker Vogel hat wenig Appetit und stochert meist lustlos und matt, oft aber auch scheinbar heißhungrig im Futternapf herum, ohne tatsächlich Nahrung aufzunehmen.

Gesunderhaltung und Krankheiten

Die Kotbeschaffenheit ist bei Weichfressern nur bedingt aussagefähig, da sie sehr von der jeweiligen Nahrung abhängt. Normaler Vogelkot besteht aus zwei Komponenten: Bei der dunklen handelt es sich um den eigentlichen Kot, bei der weißen um Harnsäure, eine Ausscheidung der Nieren (dem Harn der Säugetiere entsprechend). Blutige, schleimige oder eitrige Beimengungen und sonstige auffallende Abweichungen von der normalen Kotbeschaffenheit sind als Symptome einer Erkrankung zu werten.

Hinweis: Bei gelegentlichen grünen Verfärbungen, vor allem nach Hungerperioden (frühmorgens), handelt es sich um Galle, eine harmlose Erscheinung.

Kranker Weichfresser. Das Gefieder des Vogels ist gesträubt, er sitzt schwer atmend (geöffneter Schnabel), breitbeinig und teilnahmslos auf seiner Stange. Die Augen hält er meist geschlossen.

Was ist im Krankheitsfall zu tun?

Leichtere Unpäßlichkeiten oder Verletzungen können Sie selbst behandeln, bei schweren Krankheiten sollten Sie unbedingt einen Tierarzt zu Rate ziehen. Vögel sind im Krankheitsfall sehr hinfällig und werden schnell zu Todeskandidaten. Dem Tierarzt stehen für die exakte Diagnose und die Wahl eines geeigneten Medikaments viele labordiagnostische Hilfsmittel zur Verfügung (zum Beispiel Erregernachweis, Resistenztest). Hausmittel wie Kamillentee oder Rotlicht allein sind nicht geeignet, schwere Infektions- oder Stoffwechselkrankheiten zu bekämpfen, sie können allerdings – wie auch diätetische Maßnahmen – den Heilungsprozeß unterstützen. Die Wirkung von Medikamenten über Trinkwasser oder Futter ist oft nicht ausreichend; die Dosierung ist nicht steuerbar, und kranke Vögel trinken und fressen oft nur wenig. Vor allem zu Beginn einer Behandlung ist ein hoher Spiegel des Medikaments im Blut erforderlich, was am besten durch eine Injektion vom Tierarzt erreicht wird.

Hinweis: Sie sollten sich rechtzeitig, also schon vor der Erkrankung eines Ihrer Vögel, nach einem Tierarzt mit Erfahrung in der Behandlung von Zier- und Wildvogelkrankheiten erkundigen.

Erste Hilfe

Bei Gemeinschaftshaltung sollten Sie den kranken Vogel umgehend in einen Quarantänekäfig setzen. Bestrahlen Sie diesen Käfig auf einer Seite mit Rotlicht (Wärme) – jedoch so, daß die andere Seite weniger warm ist. Bei geselligen Arten kann es ratsam sein, den Partner mit umzuquartieren, es sei denn, der Patient ist bereits apathisch. Reichen Sie als Futter leichtverdauliche Kost wie weiche, chitinarme Insekten. Leichte Blutungen der äußeren Haut werden durch Abtupfen mit Mull oder einem in Eisenchlorid getauchten Wattestäbchen gestillt; zur Desinfektion ist beispielsweise Jodtinktur oder ein anderes hautfreundliches Desinfektionsmittel und zur Keimhemmung eine antibiotische Salbe geeignet. Fremdkörper (zum Beispiel Stacheln) können mit einer Pinzette beseitigt werden. Klaffende Wunden sollten vom Tierarzt genäht und versorgt werden ebenso gebrochene Gliedmaßen.

Der Gang zum Tierarzt

Für den Transport ist ein Karton geeigneter als ein Käfig; der Vogel ist darin geschützter. Wenn Sie jedoch Ihren Weichfresser im Käfig befördern, muß dieser sorgfältig zugedeckt sein. Fahren Sie mit dem Auto zum Tierarzt, das ist für das Tier schonender als mit anderen Verkehrsmitteln.

Auf folgende Fragen des Tierarztes sollten Sie sich vorbereiten:

• Wie lange ist der Vogel krank?
• Welche Symptome zeigt der Vogel?
• Wie lange besitzen Sie den Vogel?
• War der Vogel früher schon einmal krank? Wenn ja, wann? Was fehlte ihm damals?
• Welche Behandlungen wurden früher und bei der jetzigen Krankheit bereits durchgeführt?
• Hatte der Vogel Kontakt zu Neuzugängen oder Wildvögeln?
• Wie ist der Weichfresser untergebracht?
• Was bekommt er zu fressen?
• Bei Gemeinschaftshaltung: Wie ist der Zustand der anderen Vögel?

Hinweis: Nehmen Sie vorsorglich gleich eine Kotprobe des Patienten mit, so gewinnen Sie kostbare Zeit.

Die Pflege des kranken Vogels

Der Quarantänekäfig muß in einem ruhigen, gleichmäßig temperierten Zimmer stehen. Hier bleibt der kranke Vogel so lange, bis er völlig gesund ist. Unter Umständen sind eine begleitende und eine abschließende Kotuntersuchung nötig, bevor der Patient in seine ursprüngliche Behausung zurückkehrt. Der Bodenbelag muß täglich gewechselt werden. Die Sitzstangen sollten Sie häufig waschen und nötigenfalls desinfizieren.

Schon einige Tage vor Verlassen des Quarantänekäfigs wird die Rotlichtbestrahlung allmählich reduziert.

Auch nach der Genesung sollten Sie den Vogel noch eine Weile mit leicht verdaulicher Kost und zusätzlichen Vitamingaben füttern. Solange Sie Medikamente über das Trinkwasser verabreichen, müssen Sie die Badegefäße entfernen, sonst ist eine genügende Aufnahme des Medikaments nicht gewährleistet, da die Vögel dann das Badewasser trinken.

Hinweis: Manche Vögel lehnen Wasser, dem ein Medikament oder ein Vitaminpräparat zugesetzt wurde, strikt ab. Während einer Behandlung über das Trinkwasser ist daher eine sorgsame Beobachtung der Weichfresser nötig, damit sie nicht in Gefahr geraten, zu verdursten.

Krankheiten, die häufiger auftreten

Atemwegserkrankungen

Symptome: Niesen, Nasenausfluß, Kurzatmigkeit, aber auch Symptome wie bei Darmerkrankungen (→ Seite 60).

Ursachen: Nasse Kälte, Zugluft, Infektionen, Pilzbefall.

Behandlung: Bei leichten Erkrankungen den Vogel warm setzen (Infrarotlicht), leicht verdauliche, vitaminreiche Kost verabreichen. Bei starken Beschwerden den Vogel umgehend zum Tierarzt bringen; antibiotische Versorgung nötig.

Augenentzündungen

Symptome: Gerötete oder verklebte Lidränder, ständiger Tränenfluß, Eiterabsonderungen, verklebte Lider oder Federn in der Umgebung der Augen; häufiges Kratzen oder Reiben an den Augen.

Ursachen: Zugluft, Fremdkörper, Infektionen, Vitamin A-Mangel, zu reichliche Mehlwurmgaben.

Behandlung: Auge spülen (Kamille), Fremdkörper vorsichtig entfernen, antibiotische Augensalbe verabreichen, Vitamin A-Gaben; bis zur Ausheilung Käfigsand entfernen.

Darmerkrankungen

Symptome: Vogel sitzt matt mit aufgeplustertem Gefieder da, schläft viel, frißt kaum; Bauch geschwollen, Därme prall, verklebtes Gefieder um die Kloake, Durchfall.

Ursachen: Parasiten (Kokzidien), verdorbenes Futter; Bakterien (Salmonellen vor allem bei Neuzugängen und in Freivolieren möglich).

Behandlung: Vogel sofort in getrennten Käfig setzen, Kotprobe untersuchen lassen und ihn nach Diagnose durch Tierarzt behandeln lassen (zum Beispiel Antibiotika, Kokzidiostatika); Diät: leicht verdauliche Kost (weiche Insekten), schwacher schwarzer Tee.

Hinweis: Vorsicht, manche Keime (wie beispielsweise Salmonellen) sind auch für den Menschen gefährlich.

Drehkrankheit

Symptome: Leichte Erregbarkeit, Zittern, Drehen des Kopfes, später Taumeln, Krämpfe, Vogel fällt bei Erregung von der Stange.

Ursachen: Vitamin B- oder E-Mangel, Vergiftungen, Virusinfektion.

Behandlung: Je nach Ursache; hohe Vitamingaben im Trinkwasser bis zum vollständigen Abklingen der Erscheinungen; später Mangelerscheinungen durch entsprechende Fütterung vermeiden; bei Vergiftungsverdacht zum Tierarzt.

Fußgeschwüre

Symptome: Schwellungen, Entzündungen oder Wunden an Fußgelenken, -sohlen, Zehen, oft zugleich auch an den Augen.

Ursachen: Haltungsfehler (Sitzzweige, Bodenbelag); bei Weichfressern oft zu reichliche Mehlwurmgaben.

Behandlung: Ursachen beseitigen; Wunden reinigen und antibiotisch versorgen; vorübergehende Unterbringung in Quarantänekäfig, weiche Sitzstangen (zum Beispiel frisches Holunderholz), kein Sand; hohe Vitamin A-Gaben.

Hinweis: Vorbeugung ist sehr wichtig, da Fußkrankheiten bei Vögeln nur schlecht heilen.

Hakenschnabel-, Kreuzschnabelbildung

Symptome: Überstehende Schnabelspitzen; können kreuzschnabelartig aneinander vorbeiwachsen (→ Zeichnung).

Schama mit übermäßigem Wachstum von Schnabelhorn und Beinschienen. Der Vogel ist bei der Nahrungsaufnahme und der Bewegung sehr behindert. Durch verbesserte Haltungsbedingungen können diese Veränderungen weitgehend vermieden werden.

Ursachen: Unzureichende Haltungsbedingungen (keine Möglichkeit zum Abnutzen des Schnabelhorns; manchmal Vitamin A-Mangel; davon sind vor allem Schamas betroffen.

Behandlung: Kürzen des überstehenden Horns mit einer scharfen Schere oder Nagelkneifer auf normale Länge; alte Schnabelform möglichst wiederherstellen, sonst verformt sich der Schnabel immer mehr; beim Zurückschneiden nicht den Kieferknochen verletzen; vorheriges Einpinseln des Schnabelhorns mit Glyzerin beugt Splittern des Horns vor; Blutungen mit Eisenchloridwatte stillen.

Achtung: Nur sehr erfahrene Vogelhalter sollten Schnabelkorrekturen selbst vornehmen. Eine zugefügte Verletzung des Schnabels kann für den Weichfresser Tod durch Verhungern bedeuten. Im Zweifelsfall: Zum Tierarzt oder zu einem erfahrenen Zoofachhändler gehen!

Übermäßiges Wachstum der Hornschienen

Symptome: Starke Zunahme der Hornschienen an den Beinen und Füßen. Vor allem bei älteren Weichfressern häufig auftretend (→ Zeichnung, Seite 60).

Ursachen: Alter, mangelhafte Abnutzung, möglicherweise Vitamin A-Mangel.

Behandlung: Hornschienen mit Salizylsalbe, Vaseline oder antibiotischer Salbe aufweichen; dann vorsichtig entfernen, damit keine Entzündungen entstehen.

Vorbeugung: Naturnahe Haltung in bepflanzter Voliere, Fußringe, durch deren Bewegung Hornschienen abgetragen werden.

Knochenbrüche

Symptome: Fehlgestellte Gliedmaßen, bei offenen Brüchen auch Blutungen.

Ursachen: siehe Gefahrenkatalog (→ Seite 31).

Behandlung: Knochenbrüche heilen bei Vögeln normalerweise rasch (in etwa 14 Tagen). Läufe: Schienen (zum Beispiel mit einem aufgeschnittenen Trinkhalm); Oberschenkelbrüche: Fixieren des Beines am Körper; Flügel in der normalen Ruhestellung mit Klebepflaster am Körper ruhigstellen. Eine Behandlung wie diese sollte nur ein sehr erfahrener Vogelhalter vornehmen. Im Zweifelsfall: Zum Tierarzt oder Zoofachhändler gehen! Bei offenen Brüchen oder wenn Gewebeteile schon abgestorben sind, unbedingt den Tierarzt aufsuchen. Für die Zeit der Heilung den Vogel in kleinem Käfig halten; bei Flügelverbänden darf der Vogel nur wenige Zentimeter hochhüpfen oder klettern (Absturzgefahr!).

Übermäßiges Krallenwachstum

Symptome: Überlange Krallen, können korkenzieherartig auswachsen; der Vogel ist beim Landen auf der Stange behindert, bleibt an Wolle, Nistmaterial, Käfiggittern und ähnlichem hängen.

Ursache: Mangelhafte Krallenabnutzung durch unzweckmäßige Sitzstangen (zu dünn, zu glatt).

Behandlung: Krallen mit scharfer Schere oder Nagelkneifer kürzen. Blutgefäße nicht verletzen (scheinen bei hellen Krallen durch); wenn erforderlich, Blutstillung mit Eisenchloridwatte oder durch Einstechen der blutenden Kralle in ein Stück Seife.

Vorbeugung: Naturzweige.

Legenot

Symptome: Das Weibchen sitzt mit gesträubtem Gefieder schwer atmend und zum Teil heftig pressend am Boden. Der Unterleib ist aufgetrieben, gerötet, heiß; das Ei meist bauchwärts der Kloake zu fühlen oder sogar in der Kloake sichtbar.

Ursachen: Erstmaliges Legen, Weibchen zu jung oder zu fett, zu viele Eiablagen, weichschalige oder mißgebildete Eier, Eileiterentzündungen.

Behandlung: Muß umgehend erfolgen, am besten durch Tierarzt, sonst baldiger Tod. Wenn tierärztliche Hilfe nicht möglich, feuchte Dämpfe auf Unterseite (Quarantänekäfig, Infrarotlampe), vorsichtige Massage, Einlauf mit Lebertran-, Pflanzen- oder Paraffinöl.

Vorbeugung: Vitamin- und kalkreiche Ernährung.

Mauserstörungen

Symptome: Ausbleiben der Mauser, nicht vollständiger Wechsel des Federkleides (Stockmauser), kahle Stellen, die nicht oder nur langsam zuwachsen. Farbveränderungen (Ausbleichen, Schwarzfärbungen).

Ursachen: Haltungsfehler (unregelmäßiger Tagesablauf, ungünstige Temperaturen, oft zu warm), Lichtmangel, Ernährungsfehler (Mangel an Nährstoffen, zuviel Kalorien), Bewegungsmangel.

Behandlung: Ursachen abstellen, Verabreichung eines Vitamin-Mineralstoff-Aminosäure-Präparates über das Futter oder das Trinkwasser. Eiweißreiche Kost zusammen mit Rotlichtbestrahlung kann die Mauser in Gang bringen.

Parasitenbefall

Kokzidien
Symptome: Störung des Allgemeinbefindens, gesträubtes Gefieder, Abmagerung, Durchfälle (zum Teil blutig, schleimig), Todesfälle.
Ursache: Einzellige Lebewesen in der Darmschleimhaut. Sie scheiden Dauerformen (Oozysten) aus, die mit dem Kot nach außen gelangen und von den Vögeln bei der Nahrungssuche wieder aufgenommen werden. Auf Käfig- und Volierenboden schnelle Anreicherung mit Oozysten, dadurch rasche Ausbreitung der Krankheit im Bestand. Oft unterschwellige Infektionen, die durch resistenzmindernde Situationen wie unsachgemäße Käfighaltung, unzureichende Futterversorgung, Infektionen und Streß zum Ausbruch kommen. Neuzugänge sind häufig infiziert.
Behandlung: Wenn Kokzidien festgestellt wurden, muß der gesamte Vogelbestand behandelt werden. Nach Diagnose durch den Tierarzt Verabreichung von Kokzidiostatika über das Trinkwasser. Das Behandlungsschema der verschiedenen Medikamente ist unterschiedlich; genau die Anweisungen des Tierarztes befolgen! Die Heilungsaussichten sind meistens günstig. Strengste Hygiene zur Vermeidung von Neuinfektionen.
Regelmäßige Kotuntersuchungen (Sammelkotproben) lassen bedrohliche Keimanreicherungen frühzeitig erkennen.

Magen-Darm-Würmer
Symptome: Wenig eindeutig; Vögel allgemein matt, Gefieder gesträubt, Abmagerung, eventuell Durchfall.
Ursachen: Unter anderem Bandwürmer, Spulwürmer, Haarwürmer im Verdauungskanal, Aufnahme der Wurmeier teils direkt, teils über Zwischen- oder Transportwirte (Beutetiere).
Behandlung: Nach Diagnose durch den Tierarzt (Wurmeier oder -glieder im Kot) Behandlung des ganzen Bestandes durch ein geeignetes Wurmmittel über das Trinkwasser; manchmal ist eine Wiederholung der Behandlung nach einem bestimmten Zeitraum nötig, um auch die inzwischen nachgewachsene Wurmgeneration zu beseitigen.

Luftröhrenwürmer (Rotwurmseuche)
Symptome: Husten, Würgen, Gähnen, unregelmäßige leichte bis schwere Atembeschwerden des Vogels.
Ursache: Kleine, rote Würmer in der Luftröhre. Die nur wenige Millimeter großen Männchen sind fest mit den etwa 2 cm langen Weibchen verbunden. Die ausgehusteten Eier werden abgeschluckt und gelangen mit dem Kot nach draußen. Dort vielfach Aufnahme durch Regenwürmer oder Schnecken. Werden diese gefressen, gelangen sie im Beutetier wieder in den Vogel. Auch direkte Infektion ohne Transportwirte möglich. Vermehrung besonders stark bei anhaltend feuchter Witterung; durch Trockenheit und Sonne dagegen Schädigung der Wurmeier.
Behandlung: Schwierig. Sollte durch den Tierarzt erfolgen.
Vorbeugung: Wichtig! Käfigboden täglich reinigen, Volierenboden trocken halten; durch Überdachung Wildvögel von der Voliere fernhalten; keine Schnecken und Regenwürmer verfüttern. Auf Atembeschwerden der Weichfresser (Atmung mit geöffnetem Schnabel) achten.

Rote Vogelmilbe
Symptome: Nächtliche Unruhe, Blutarmut, allgemeine Schwäche, Todesfälle vor allem bei Nestlingen.
Ursache: Blutsaugende Milben; tagsüber in Ritzen, Nestern, Einstreu versteckt; saugen nachts beim Vogel Blut.
Behandlung: Überprüfung von Nischen, Ritzen, Brettern, Sitzstangen mit der Lupe auf Milben. Auf weißgestrichenen Kistenkäfigwänden sind die stecknadelkopfgroßen Milben nachts gut erkennbar. Die Bekämpfung erfolgt mittels handelsüblicher Insektizide (Gebrauchsanleitung beachten!); die Vögel werden mit Puder bestäubt, die Einrichtungsgegenstände mit wäßrigen Lösungen bestrichen. Nach Behandlung müssen die Einrichtungsgegenstände gründlich gereinigt werden. Aerosole sind zur Anwendung an den Weichfressern oder in ihrer Gegenwart nicht ratsam (Vergiftungsgefahr!).
Vorbeugung: Regelmäßige Kontrollen durchführen, alte Nester verbrennen, keine Nester von Wildvögeln verwenden.

Pilze

Schimmelpilze
Symptome: Nicht eindeutig; Atembeschwerden, gestörtes Allgemeinbefinden; Tod durch Ersticken.
Ursache: Schimmelpilze sind überall vorhanden. Gegen sie besitzt der Organismus normalerweise ausreichende Widerstandskräfte; nur bei herabgesetzter Abwehrbereitschaft durch Faktoren wie Eingewöhnung, Krankheit, Streß, unzureichende Unterbringung oder Mangelernährung kann es zur Infektion kommen; vor allem die Atemschleimhäute werden von Pilzrasen überzogen. Sichere Diagnose schwer möglich.
Behandlung: Durch Tierarzt; Behandlungserfolg sehr ungewiß.

Hefepilze (Soor, Candidiose, Moniliasis)
Symptome: Freß- und Atembeschwerden, Hervorwürgen von Schleim, weiße Beläge auf der Schnabelschleimhaut.
Ursachen: Hefepilze sind überall vorhanden. Durch Verminderung der Widerstandskraft, auch Vitamin A-Mangel, kann es zur Krankheit kommen; Frucht- und Nektarfresser sind besonders anfällig, da die klebrigen Nahrungsreste ein guter Nährboden für Hefepilze sind.
Behandlung: Durch Tierarzt; Heilungsaussichten gut.

Rachitis und Knochenerweichung
Symptome: Rachitis bei Jungvögeln; Knochenerweichung (Osteomalazie) bei erwachsenen Vögeln: Knochenverbiegungen, mißgestaltete Gliedmaßen; Neigung zu Knochenbrüchen.
Ursachen: Mangel an Vitamin D, Kalkmangel.
Behandlung: Verabreichung von Vitamin D (vor allem Vitamin D_3 ist wichtig) und Kalk (am besten Vitamin-Mineralstoff-Mischung) über das Futter; dazu Sonnenlicht oder Ultraviolett-Bestrahlung durch Heimtierlampe. Verformte Gliedmaßen nicht mehr korrigierbar.

Vergiftungen
Symptome: Vielfältig, je nach Gift (gestörtes Allgemeinbefinden, Atembeschwerden, Durchfälle, Teilnahmslosigkeit, Erregungszustände, Todesfälle). Können plötzlich oder schleichend auftreten. Einzelvögel oder der ganze Bestand können betroffen sein.
Ursachen: Vielfältig (zum Beispiel Umweltgifte in vergifteten Futterinsekten, Desinfektionsmittel, aerosole Parasitengifte wie Milbensprays, Giftpflanzen, Klebstoff).
Behandlung: Je nach Symptomen, notfalls umgehend zum Tierarzt, Abstellen der Ursache. Allgemein fördernde Maßnahmen: Wärme, frische Luft, leicht verdauliche Kost, Vitamine. Klebstoff-verschmierte Federn abschneiden, nicht mit Azeton oder Benzin reinigen.

Wissenswertes über Weichfresser

Alle in diesem Ratgeber vorgestellten Weichfresser sind Wildvögel. Während die domestizierten Vögel (wie Haushuhn, Haustaube, Kanarienvogel, Wellensittich oder Japanisches Möwchen) an das Leben in menschlicher Obhut angepaßt sind und teilweise ohne den Menschen gar nicht mehr überleben könnten, besitzen Wildvögel in Menschenhand noch alle Merkmale und den Verhaltensreichtum ihrer freilebenden Artgenossen, auch wenn sie bereits in zweiter oder dritter Generation gezüchtet worden sind. Haltung und Zucht von Wildvögeln sind wesentlich aufwendiger als bei domestizierten Vögeln. Wildvögel stellen oft erhebliche Ansprüche an den Neststandort, ohne eine ungestört ablaufende Balz kommt es zu keiner Paarbildung, und für die Jungenaufzucht verlangen die Vogeleltern Futtertiere, die ihrem natürlichen Beutetierschema entsprechen, sogar dann, wenn sie selbst schon über eine lange Zeit anstandslos Ersatzfutter fressen. Ihre Haltungs- und Pflegemaßnahmen werden um so artgerechter sein, je mehr Kenntnisse Sie über die Biologie der Vögel besitzen.

Flugfähigkeit und Körperbau

Der gesamte Organismus eines Singvogels ist darauf ausgerichtet, dem Tier eine optimale Flugfähigkeit zu ermöglichen. Seine äußere Gestalt, Knochengerüst und Muskulatur, Kreislauf und Stoffwechsel sind den Erfordernissen des Fliegens angepaßt.
• Die Knochen sind sehr leicht gebaut und viele zudem mit Luftsäcken gefüllt.
• Der Körper hat eine aerodynamisch günstige Form. Dazu tragen sowohl der durch Verwachsung mancher Knochenabschnitte starre Rumpf als auch das Federkleid bei.
• Statt Vorderbeinen besitzen Vögel Flügel, die durch einen mächtigen Brustmuskel angetrieben werden.

• Die Lungen können sowohl beim Ein- als auch beim Ausatmen Sauerstoff aufnehmen.
• Ein relativ großes Herz, eine im Vergleich zu Säugetieren sehr hohe Zahl von roten Blutkörperchen, eine höhere Atem- und Pulsfrequenz und eine höhere Körpertemperatur sichern die Energieversorgung.
• Der Mangel an Zähnen, die Rückbildung des rechten Eierstocks und die rasche Eibildung (innerhalb eines Tages) – dies alles verringert das Körpergewicht zugunsten einer besseren Ausstattung für das Fliegen.
• Sogar die Ernährungsweise der Vögel ist diesem Prinzip unterstellt. Sie fressen vor allem ballaststoffarme, eiweiß- und kohlenhydratreiche Kost, die rasch verwertet werden kann. Der Darm ist dadurch nicht mit schwerverdaulichen Futterstoffen beladen, wie beispielsweise bei einem Wiederkäuer. Dafür müssen die Vögel ständig Nachschub an Nahrung aufnehmen. Hunger- und Durstperioden – auch von relativ kurzer Dauer – überstehen die meisten Arten nicht lange.

Federn

Die Federn regulieren den Wärmehaushalt des Vogelkörpers, vollenden seine Stromlinienform, dienen als Trag- und Steuerinstrumente und haben zugleich Tarn- und Signalfunktionen. Obwohl der Körper fast lückenlos von Federn umschlossen ist, wachsen diese nicht gleichmäßig auf der gesamten Körperoberfläche, sondern sind auf bestimmte Bereiche, die sogenannten Federfluren, beschränkt. Die Federn sind ein kompliziert aufgebautes Gebilde aus Hornsubstanzen. Man unterscheidet zwei Hauptsorten, die Kontur- und die Dunenfedern.
Konturfedern: Sie bestimmen die äußere Erscheinung des Vogels. Sie bestehen aus den Deckfedern (Kleingefieder) und den Flugfe-

dern (Großgefieder). Bei den Flugfedern wiederum unterscheidet man zwischen Schwungfedern (Flügelfedern) und Steuerfedern (Schwanzfedern).

Eine Konturfeder besteht aus dem festen Schaft als Basis für die Innen- und die Außenfahne. Die Fahnen sind aus einer Vielzahl parallel angeordneter Äste aufgebaut, auf denen die Strahlen sitzen. Es gibt zwei Sorten von Strahlen, die Bogen- und die Hakenstrahlen. Sie verbinden die Äste nach dem Reißverschlußprinzip miteinander, fest und elastisch zugleich. Das Resultat ist die geschlossene Federfläche.

Schlafender Beo. Im Gegensatz zu den meisten anderen Singvögeln steckt der Beo den Kopf nicht unter des Rückengefieder, sondern zieht ihn zwischen den Schultern ein.

Dunenfedern: Sie sitzen unter den Konturfedern. Ihnen fehlen die haftenden Häkchen, wodurch sie sehr locker und weich sind. Sie dienen vor allem dem Wärmeschutz.

Mauser: Da die fertigen Federn tote Gebilde sind, die sich im Laufe der Zeit abnutzen, müssen sie periodisch ausgewechselt werden. Dies geschieht zu bestimmten Zeiten im Jahr, vor allem nach der Brutperiode – bei manchen Arten in mehreren Etappen. Wenn fremdländische Weichfresser sich an unseren Jahresrhythmus gewöhnt haben, mausern sie wie die meisten unserer heimischen Vögel im Spätsommer

oder Herbst. Der Mauserverlauf wird hormonell gesteuert und von Faktoren wie Licht, Temperatur oder Ernährungszustand beeinflußt.

Schreckmauser: Wenn Sie einen Vogel einfangen, kann es passieren, daß er schlagartig seine Schwanzfedern verliert oder Teile des Kleingefieders abstößt. Dies ist nicht krankhaft, sondern ein Schutzmechanismus gegen Freßfeinde, die so statt der sicheren Beute nur ein paar Federn erwischen. Diese wachsen bei einem gesunden Vogel bald wieder nach.

Gefiederfarben: Die Farben des Gefieders dienen der Tarnung oder der Art- und Geschlechtserkennung. Viele auffallende Abzeichen lösen im Fortpflanzungsverhalten Schlüsselreize aus. Die Gefiederfarben kommen durch das Zusammenwirken verschiedener Farbstoffe sowie bestimmter Federstrukturen zustande. So sind für gelbe bis rote Farben vor allem Farbstoffe aus der Gruppe der Phaeomelanine oder der Lipochrome aus der Gruppe der fettlöslichen Carotinoide verantwortlich. Manche Farben, zum Beispiel das Blau, das Weiß und manche Schwarztöne kommen nicht durch Farbstoffe, sondern durch feinste lichtbrechende Federgebilde zustande. Diese Gefiederfarben werden Strukturfarben genannt.

Bei Haltung in menschlicher Obhut kann es zu Farbveränderungen kommen, die pflegebedingt sind.

Das Ausbleichen der Gefiederfarben ist besonders häufig bei Vogelarten mit auffallend bunten grünen, gelben oder roten Gefiederpartien. Das Verblassen des Gefieders setzt bei der Mauser ein. Schuld daran sind vor allem Farbstoffe aus der Gruppe der Carotinoide. Sie werden mit der Nahrung aufgenommen und in der wachsenden Feder abgelagert. Hat die Nahrung zu wenig carotinhaltige Bestandteile, sind für die Federneubildung nicht genügend dieser Farbstoffe vorhanden. Auch ein Mangel an bestimmten Fetten kann eine Rolle spielen, denn sie fördern die Aufnahme der fettlöslichen Carotinoide in den Organismus. Ein Vogel mit diesen Mangelerscheinungen wird nicht etwa weiß, sondern seine Farbe wird durch die verbleibenden Farbbildner (andere Farbstoffe, Strukturfarben) bestimmt. (Zum Beispiel können bei Sonnen-, Brillen- und Blattvögeln gelbe Federn verblassen und grüne blaugrau werden.) Dies ist keine Krankheit, sollte aber als ein Hinweis für unzureichende Haltungsbedingungen verstanden werden.

Rotohrbülbüls. Die etwas geduckte Haltung und die angelegte Haube sind Ausdruck einer ängstlichen Stimmung der Vögel.

Abhilfe: Carotinreiches Futter (vor und während der Mauser) und viel Bewegung (fördert den Stoffwechsel) können das Ausbleichen des Gefieders verhindern oder rückgängig machen. Wenn Sie die Pflegefehler beseitigt haben, stellen sich nach der Mauser – mit dem Nachwachsen der neuen Federn – die kräftigen Farben wieder ein. Im Zoofachhandel gibt es synthetische Carotinpräparate (zum Beispiel Canthaxanthin), die unter das Futter gemischt werden und zur Farberhaltung beitragen.

Sinnesorgane

Die Vögel orientieren sich vor allem mit den Augen und dem Gehör.

Die Augen der meisten Vogelarten sind – bezogen auf ihre Körpergröße – sehr groß. Durch deren seitliche Stellung am Kopf haben Vögel ein sehr weites Gesichtsfeld mit einem Radius von teilweise 300 ° und mehr. Der Bereich, in dem sich die Gesichtsfelder beider Augen überschneiden und sie räumlich sehen können, ist nur schmal, der Winkel beträgt meistens weniger als 25 °. Wenn Weichfresser etwas fixieren, tun sie das bei seitlich geneigtem Kopf mit nur einem Auge (zum Beispiel bei der Futtersuche am Napf, → Zeichnung, Seite 39). Während das Auge bei den meisten Säugetieren durch Senken des oberen Augenlides geschlossen wird, geschieht dies bei Vögeln durch Anheben des unteren Lides. Vögel haben noch ein drittes, inneres Augenlid, die Nickhaut, die unter den Lidern über die Hornhaut gezogen wird.

Das Gehör von Vögeln ist sehr leistungsfähig. Die Ohren sind wie die der übrigen Wirbeltiere gebaut. Allerdings besitzen sie keine Muschel, sonden liegen unter den Federn verborgen. Die Federn im Ohrbereich haben keine Strahlen (→ Seite 65); dadurch ist ein optimaler Schalldurchlaß gewährleistet. Der Hörbereich der meisten Vögel entspricht weitgehend dem Frequenzumfang des menschlichen Hörvermögens, allerdings können Vögel offenbar weitaus kürzere Tonfolgen noch auseinanderhalten als der Mensch.

Der Geruchssinn ist bei den meisten Vögeln von untergeordneter Bedeutung.

Der Geschmackssinn der Vögel wird vielfach unterschätzt. Gerade Frucht- und Nektarfresser verfügen über ein ausgeprägtes Geschmacksempfinden. Viele Vögel reagieren deshalb auch empfindlich auf Medikamentenzusätze im Futter und Trinkwasser.

Wichtige Verhaltensweisen

Im folgenden werden Verhaltensbereiche vorgestellt, die besondere Bedeutung bei der Haltung und Pflege von Weichfressern haben.

Gesang

Vögel verfügen über ein vielfältiges Repertoire an Lautäußerungen. Anders als Säugetiere erzeugen sie die Laute nicht mit dem Kehlkopf, sondern mit der Syrinx, einem kehlkopfähnlichen Organ, das an der Stelle der Verzweigung der Luftröhre in die beiden Hauptbronchien sitzt. Die Syrinx wird aus umgewandelten Knorpelringen der oberen Bronchien und bei manchen Arten auch der unteren Luftröhre gebildet. Ein besonderes Muskelsystem bewirkt Stellungsänderungen der Syrinx-Gebilde, so daß sie durch die Atemluft unterschiedlich in Schwingungen versetzt werden. Dadurch entstehen die verschiedenartigen Töne und Tonhöhen.

Neben dem eigentlichen Gesang gibt es noch eine Menge anderer Laute wie Rufe, Fauch-, Zisch- und Bettellaute, die im Leben des Vogels eine bestimmte Bedeutung haben. Sie dienen zum Beispiel der Revierkennzeichnung, der Paarbildung, dem Schwarmzusammenhalt und auch der individuellen Erkennung. Vieles deutet darauf hin, daß Gesangsteile mancher Vogelarten (beispielsweise der Amsel oder der Schama) auch zweckfrei und aus Lust am Singen vorgetragen werden.

Männchen und Weibchen haben teils gleiche, teils unterschiedliche Lautäußerungen. Der eigentliche Gesang wird meistens vom Männchen vorgetragen. Bei manchen Arten singen die Weibchen ebenfalls, und es gibt auch Arten, bei denen die Partner eines Paares gemeinsam singen (Duettgesang).

Viele Gesänge und die meisten Rufe sind angeboren, andere hingegen müssen vom Vater oder benachbarten Artgenossen erlernt werden. Manche Vogelarten behalten ihre Lernfähigkeit – oft verbunden mit der Eigenschaft, auch fremde Laute in ihren Gesang einzuflechten – ihr Leben lang bei. Der Spottgesang von Schama und Goldstirn-Blattvogel gehört ebenso dazu, wie das Sprachtalent der Beos und Papageien. Über den biologischen Sinn der Lautimitationen liegen bisher nur wenige Erkenntnisse vor. Nicht nur die Imitationsgesänge haben individuelle Eigenheiten; jeder Vogel hat seine Stimme, auch wenn die Unterschiede für uns kaum wahrnehmbar sind. Artgleiche Vögel verschiedener Herkunft verfügen gar über Dialekte.

Schamamännchen in Balzstimmung. Mit hoch aufgerichtetem Körper und steil aufgestelltem Schwanz schmettert das Schamamännchen sein Werbungslied, den sogenannten Motivgesang.

Aggressivität

Damit werden Verhaltensweisen des Drohens, des Angriffs, aber auch der Verteidigung bezeichnet. Sie dienen dem Überleben des einzelnen Vogels, mehr aber noch dem inner- und zwischenartlichen Miteinander (zum Beispiel Festlegung einer Rangordnung oder eines Reviers). Aggressionen können sowohl gegen Artgenossen als auch gegen artfremde Lebewesen gerichtet sein.

Während sie in der Natur meistens damit enden, daß der Unterlegene flieht oder durch eine Demutsgebärde seine Niederlage eingesteht, kann ein Konflikt in Käfig oder Voliere tödlich enden. Dort ist eine Flucht nicht möglich, und jede Demutsgebärde verliert an Wirkung, weil der Unterlegene allein durch seine Anwesenheit immer wieder aggressive Stimmungen beim

Soziale Gefiederpflege. Zwei Brillenvögel kraulen einen Artgenossen. Dieser zeigt sein Wohlbehagen im gesträubten Halsgefieder.

Stärkeren hervorruft. Es kann auch vorkommen, daß eine Demutsgebärde von einem artfremden Widersacher nicht verstanden wird. Schalten Sie also von vornherein Konflikte möglichst aus, durch richtige Zusammenstellung der Vögel und durch eine angemessene Einrichtung ihrer Unterkünfte (→ Seite 25).

Soziales Verhalten

Manche Weichfresser (zum Beispiel Schamas) leben außerhalb der Brutzeit völlig einzelgängerisch. Andere (wie Sonnen- oder Brillenvögel) leben mit Artgenossen (aber auch Artfremden mit ähnlichen Lebensgewohnheiten) außerhalb der Brutzeit im Schwarm. Nur zur Jungenaufzucht sondern sie sich paarweise ab. Wieder andere dulden sogar Artgenossen in der Nähe ihres eigenen Neststandorts und brüten in Kolonien (zum Beispiel Beos und andere Stare). Soziale Arten sollten in menschlicher Obhut paarweise gehalten werden oder – außerhalb der Brutzeit – im Schwarm, wobei die Schwarmhaltung bei Fehlen von Artgenossen auch mit anderen, ähnlich sozialen Vögeln geschehen kann.

Zum typischen Verhalten vieler geselliger Arten gehört die soziale Gefiederpflege, bei der die Partner einander das Gefieder – vor allem im Kopfbereich – putzen. Dabei werden Verunreinigungen, Federschuppen, Reste von Federkielen und Parasiten beseitigt. Die gegenseitige Gefiederpflege dient neben der Körperpflege auch dem Paarzusammenhalt. Vor allem bei geselligen Arten mit einer gleichzeitigen hohen innerartlichen Aggressionsbereitschaft (wie bei den Brillenvögeln beispielsweise) hat das Kraulen auch die Funktion einer Beschwichtigungsgebärde: Der attackierte Vogel bietet dem Angreifer das gesträubte Halsgefieder hin, und dieser kann gar nicht anders, als es zu kraulen (→ Zeichnung).

Das Kontaktbedürfnis vieler sozialer Arten ist so groß, daß sich Einzeltiere Gefährten unter Artfremden mit ähnlichem Verhalten suchen, wobei Größenunterschiede oder Familienzugehörigkeit bedeutungslos werden. So konnte ich Partnerschaften zwischen Brillenvogel und Sonnenvogel sowie zwischen Brillenvogel und Schönbürzelchen (einem Prachtfinken) beobachten; das letztgenannte Paar erkannte einander sogar an der Stimme und baute ein Nest.

Wissenswertes über Weichfresser

Schlaf

Die meisten Weichfresser schlafen im Gezweig. Der Beo sucht dagegen zum Übernachten gerne eine Höhle auf. Fast alle Weichfresser ruhen auf nur einem Bein; ein Sehnenmechanismus verhindert, daß sie dabei vom Zweig fallen. Der Kopf wird beim Schlafen unter das Rückengefieder gesteckt (→ Zeichnung). Auch hier macht der Beo eine Ausnahme, denn er zieht den Kopf lediglich mit nach vorne gerichtetem Schnabel zwischen die Schultern ein (→ Zeichnung, Seite 65). Viele gesellige Arten (zum Beispiel Sonnen- und Brillenvögel) bilden nachts Schlafgemeinschaften. Sie rücken so eng zusammen, daß die Konturen eines Paares zu einem einzigen Vogel mit zwei Schwänzen verschmelzen. Auch nicht verpaarte Vögel dieser Arten schlafen gemeinsam und hocken wie eine Kette flauschiger Wattebällchen auf ihrem Zweig.

Vögel ungeselliger Arten dulden dagegen keinen Körperkontakt. Auch beim Schlafen wird zumeist ein Hackabstand eingehalten, das heißt, die Vögel sitzen allenfalls so dicht beieinander, daß sie sich nicht mit dem Schnabel erreichen können.

Schlafendes Sonnenvogel-Paar. Wie viele soziale Arten rücken Sonnenvögel zum Schlafen eng zusammen und stecken den Kopf unter das Rückengefieder.

Komfortverhalten

Zum Komfortverhalten gehören die individuelle und die soziale Gefiederpflege ebenso wie das Baden im Wasser (→ Zeichnung, Seite 9) oder Sand und das Sonnenbaden (→ Zeichnung, Seite 26).

Auf ein Vergnügen, das sich manche Vögel in der Natur gerne leisten, müssen die meisten unserer Weichfresser verzichten: Das Einemsen. Dabei lassen sie Ameisen durch ihre Federn laufen oder reiben sie mit ihrem Schnabel zwischen die Federn. Dies dürfte zur Bekämpfung von Hautparasiten aber auch zur Anregung des Hautstoffwechsels geschehen. Wenn Sie Ameisen in der Nähe Ihrer Freivoliere haben, sollten Sie einmal auf ein solches Verhalten achten.

Lebenserwartung

Singvögel können bis zu 10 und mehr Jahren alt werden. Tatsächlich erreichen in freier Natur nur wenige dieses Alter. Allein die Überlebensrate im ersten Lebensjahr liegt bei Singvögeln bei nur etwa 25 bis 30% und auch danach fallen die Vögel vielen Gefahren, Krankheiten und anderen widrigen Umständen zum Opfer. In menschlicher Obhut ist dagegen die durchschnittliche Überlebensrate wesentlich höher, weil Hungerzeiten und Freßfeinde ausgeschlossen und viele Krankheiten behandelbar sind. So sind zum Beispiel folgende hohe Lebensalter bekannt:

Schama: 26 Jahre, Gangesbrillenvogel: über 23 Jahre, Weißohrbülbül: 13 Jahre. Bei diesen Angaben handelt es sich jeweils um Aufenthalte in Menschenobhut; das tatsächliche Alter dieser gefangenen Vögel liegt noch darüber.

Beliebte Weichfresserarten

In den folgenden Beschreibungen werden die Weichfresser vorgestellt, die sehr häufig in menschlicher Obhut gehalten und mehr oder minder regelmäßig im Zoofachhandel angeboten werden. Sie eignen sich zur Haltung im Käfig oder in der Voliere.

Die Artenbeschreibungen enthalten Angaben über Herkunft, Aussehen, Verhalten, Gesang und spezielle Ratschläge zu Haltung und Zucht.

Die jeweils aufgeführte Gesamtlänge gibt die Größe des erwachsenen Vogels an – gemessen von der Schwanz- bis zur Schnabelspitze. Bei der wissenschaftlichen Namensgebung bezeichnet der erste Name die Gattung, der zweite die Art und der dritte die Unterart.

Artenschutz

In unserer Zeit vollzieht sich ein bedrohlicher Bestandsrückgang in der Tier- und Pflanzenwelt. Einige Arten sind bereits ausgestorben oder stehen – weltweit oder regional – unmittelbar vor dem Aussterben. Unter den vielfältigen Ursachen spielt die anhaltende Lebensraumzerstörung und die Biotopveränderung die maßgebliche und entscheidende Rolle.

Gerade dem Vogelzüchter kommt daher eine nicht unbedeutende Rolle zur Bestandserhaltung unserer vielfältigen Vogelwelt zu.

In den Bemühungen um den Schutz der bedrohten Arten wurde im Jahre 1973 das Washingtoner Artenschutzübereinkommen (deutsch WA, international CITES abgekürzt) unterzeichnet, das auf internationaler Ebene den Handel mit gefährdeten wildlebenden Tier- und Pflanzenarten regelt. In der Bundesrepublik Deutschland trat das WA 1976 in Kraft, in der Schweiz bereits 1974. Die gefährdeten Arten sind – entsprechend dem Grad ihrer Schutzbedürftigkeit – in drei Anhängen aufgelistet, die ständig verändert und den neuesten Populationserkenntnissen angepaßt werden. Neben dem WA gibt es weitere gesetzliche Schutzbestimmungen auf EG- und Bundesebene, die weitere bestimmte gefährdete Arten unter Schutz stellen. In der Bundesrepublik Deutschland brachten mehrere Änderungen des Bundesnaturschutzgesetzes sowie die daraus resultierende Bundesartenschutzverordnung weitere einschneidende Maßnahmen für Handel und Besitz besonders geschützter Tier- und Pflanzenarten mit sich. Sowohl die Verbotsbestimmungen als auch die Aufzählung der besonders geschützten Arten, gehen weit über den Rahmen des WA und der EG-Verordnungen hinaus.

Unter den besonders geschützten Vogelarten befinden sich auch einige Weichfresserarten, die sich gut für die Haltung und Pflege in menschlicher Obhut eignen und ähnliche Haltungsansprüche stellen, wie die in diesem Buch vorgestellten Arten (zum Beispiel die europäischen Vogelarten, die Nektarvögel, die Kolibris oder etwa der Bali-Star). Die in diesem Ratgeber vorgestellten Arten sind allerdings nicht besonders geschützt und unterliegen daher auch keinen Haltungs-, Besitz- oder sonstigen Vermarktungsverboten.

Wenn Sie einen Weichfresser halten wollen, der einer Haltungs- oder Vermarktungsbeschränkung gemäß der Bundesartenschutzverordnung unterliegt (so zum Beispiel Nektarvögel, Vielfarbentangare oder alle europäischen Weichfresserarten), so müssen Sie folgende gesetzlichen Bestimmungen beachten:

• Als Besitzer eines solchen artengeschützten Vogels müssen Sie den rechtmäßigen Besitz nachweisen. Dies kann eine Kaufbestätigung oder eine eidesstattliche Versicherung des Vorbesitzers sein. Zoofachhandlungen, die dem Zentralverband Zoologischer Fachbetriebe e. V. angeschlossen sind, stellen beim Erwerb entsprechende vorgedruckte Nachweisbestätigungen bereits aus. CITES-Bescheinigungen sind in der Regel nicht notwendig, da nur ganz wenige Weichfresserarten unter die EG-Verordnungen fallen.

• Nachdem Sie den artengeschützten Vogel in Besitz genommen haben, müssen Sie dieses Tier bei der zuständigen Naturschutzbehörde (in der Regel ist es die Obere oder Untere Naturschutzbehörde; ansonsten die zuständige Behörde bei der Gemeindeverwaltung erfragen) unverzüglich nach § 10 Absatz 2 der Bundesartenschutzverordnung anmelden.
• Wer mit artengeschützten Tieren züchten will, muß darüber hinaus nachweisen, daß ausreichende Kenntnisse über das Halten dieser Tiere vorhanden sind und daß eine den tierschutzrechtlichen Vorschriften entsprechende Haltung der Tiere gewährleistet ist.
• Eine Kennzeichnung (zum Beispiel durch einen Fußring) der besonders geschützten Vogelarten ist auch vorgesehen. Zur Zeit werden aber noch keine amtlichen Kennzeichen ausgegeben.
• Eine Buchführungspflicht besteht nicht, es sei denn, ein gewerbsmäßiger Handel wird betrieben.
• Sollte Ihnen mit diesen besonders geschützten Weichfresserarten Zuchterfolg beschieden sein, dürfen Sie die nachgezüchteten Jungvögel verkaufen und damit vermarkten. Jungtiere der Arten, die vom Aussterben bedroht sind (z. B. Bali-Star), dürfen dagegen ohne eine besondere Ausnahmegenehmigung nicht verkauft werden. Das Verschenken ist dagegen zulässig.

Familie Timalien *(Timaliidae)*

Timalien sind eine arten- und formenreiche Familie, die in Afrika, Asien, Australien und deren benachbarter Inselwelt, sowie mit einer Art in Nordamerika vorkommt. Ihren größten Artenreichtum haben sie in Südostasien entwickelt. Timalien zeigen unter allen Sperlingsvögeln die größte Vielfalt in Größe, Gestalt und Gefiederzeichnung: Manche Arten sehen Zaunkönigen oder Meisen ähnlich, andere Grasmücken oder Fliegenschnäppern und wieder andere Drosseln oder gar Hähern. Viele Arten sind sehr farbenprächtig, andere ausgezeichnete Sänger, und einige verbinden beide Eigenschaften. Kein Wunder also, daß manche Arten als Käfigvögel sehr beliebt sind, vor allem der Sonnenvogel (Chinesische Nachtigall), der Silberohr-Sonnenvogel, der Rote Silberohr-Sonnenvogel und die Blauflügel-Siva (Blauflügel-Sonnenvogel).

Sonnenvogel
(Chinesische Nachtigall, China-Sonnenvogel)
Leiothrix lutea (Scopoli, 1786)
Fotos Seite 27, Umschlagvorderseite
Zeichnungen Seite 10, 26, 69

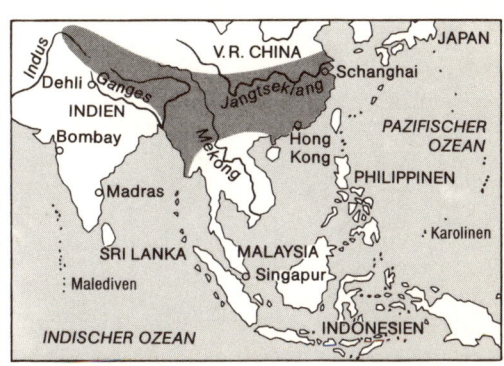

Verbreitung: Himalayagebiet von Kaschmir im Westen bis Assam im Südosten, West- und Nordost-Birma und Nord-Tongking; von Südchina nordwärts bis Szetschwan, Süd-Schenhsi und herüber zur Jangtsekiang-Mündung; eingebürgert auf einigen hawaiischen Inseln. **Lebensraum:** Unterholz der Bergwälder, Busch- und Grasland, Plantagen.

Gesamtlänge: 15 bis 15,5 cm. **Aussehen:** Geschlechtsunterschiede schwach ausgeprägt; Weibchen etwas matter gefärbt, die schmale, weiße Querbinde auf der Schwanzoberseite fehlt oder ist nur angedeutet. **Verhalten:** Aufenthalt meist in Bodennähe, dort Jagd auf Insekten; außerhalb der Brutzeit gesellig, Vögel durchstreifen im Schwarm – auch in Gemeinschaft mit anderen Vogelarten – ihr Jagdrevier. **Stimme:** Unterschiedliche, charakteristische Lockrufe bei Männchen und Weibchen; Männchen außerdem guter Sänger; Gesang laut und wohlklingend. **Name:** Bezeichnung Chinesische Nachtigall häufig verwendet, jedoch irreführend, denn keine Verwandtschaft oder Ähnlichkeit mit Nachtigall (auch nicht im Gesang).

Haltung

Der Sonnenvogel ist ein anspruchsloser Kostgänger, der dem Anfänger in der Weichfresserhaltung empfohlen werden kann. Vor allem Männchen sind das ganze Jahr über im Zoofachhandel erhältlich. Der gesellige Vogel sollte nur paarweise gehalten werden; Vergesellschaftung mit anderen Arten gut möglich, wird auch bei paarweiser Haltung rasch zutraulich. **Unterbringung:** Sonnenvögel sind sehr bewegungsfreudig, daher sollte ihre Unterbringung großzügig bemessen sein. **Käfig:** Überschreiten Sie möglichst weit die auf Seite 12 angegebenen Mindestmaße für den Käfig. Bei einem zu kleinen Käfig neigen die Vögel zu gleichbleibenden Bewegungsabläufen. Daneben benötigen Sonnenvögel täglich mindestens eine Stunde Freiflug im Zimmer.

Als Vögel des Unterholzes halten sie sich vorwiegend in der unteren Zimmerhälfte auf (zwischen Stuhl- und Tischbeinen), auch gerne auf Blumenbänken oder im Blumenfenster. **Zimmervoliere:** Sie ist für Sonnenvögel besser geeignet als der Käfig, denn sie gibt ihnen mehr Bewegungsraum. **Freivoliere:** Sollte dicht bepflanzt werden. Sonnenvögel, die in Bergwäldern bis zu 2700 m Höhe vorkommen, sind gut an unser mitteleuropäisches Klima angepaßt und können den größten Teil des Jahres in einer Freivoliere zubringen. Im Winter benötigen sie unbedingt Zugang zu einem frostfreien Schutzraum.

Fütterung: Sonnenvögel sind nicht allzu anspruchsvoll in der Nahrung. Sie fressen sowohl Insektenfertigfutter als auch Früchte. Daneben sind sie dankbare Abnehmer von Futtertieren wie lebenden Insekten, Spinnen, Tausendfüßern und anderen Gliederfüßern. Viele nehmen auch Ergänzungsfutter zu sich wie Kükenpellets, Beoperlen, Hundeflocken und sogar trockenes oder gekeimtes Körnerfutter (Hirse, gequetschter Hanf). Manche naschen gerne an einem Nektartrank.

Hinweis: Das Gefieder der Sonnenvögel neigt dazu, in menschlicher Obhut zu verblassen (→ Seite 65), vor allem in den dunkelgrünen Partien an Kopf und Rücken, die zu einem blassen Blau werden. Sorgen Sie für eine carotinreichere Ernährung und mehr Bewegung. **Wesen:** Sonnenvögel sind ausgesprochen gesellige Vögel, deren liebenswürdiges Wesen erst bei paarweiser Haltung zur vollen Entfaltung kommt. Ein Sonnenvogelpaar verbringt einen großen Teil des Tages mit zärtlichem gegenseitigem Gefiederkraulen und schläft aneinandergekuschelt, einem einzigen Federball gleich. Beim Freiflug im Zimmer oder beim Durchstreifen der Voliere lassen sich die Partner selten aus den Augen oder behalten wenigstens Stimmkontakt. Die Ausflüge werden immer wieder durch Kuschelpausen unterbrochen.

Stimme: Der Gesang des Sonnenvogel-Männchens erinnert an das Lied der Mönchsgrasmücke, ist jedoch nicht so abwechslungsreich und vielfältig in den Motiven wie der Gesang einer Schama (→ Seite 74) oder eines Blattvogels (→ Seite 85). Neben diesem eigentlichen Gesang und den Warnrufen besitzen Sonnenvögel eine Reihe von Stimmfühlungslauten, die dazu dienen, bei den Streifzügen durchs Dickicht untereinander Kontakt zu halten. Die Kontaktrufe von Männchen und Weibchen sind unterschiedlich und lassen sich zur Geschlechtsbestimmung nutzen. Fangen Sie einen Vogel aus seiner Gruppe heraus, und bringen Sie ihn in Hörweite des anderen unter: Sogleich werden seine Kontaktrufe das Geschlecht verraten. Beim Männchen ähneln sie einer leisen Gesangsstrophe, beim Weibchen sind es zwei- bis dreisilbige klagende Rufe.

Zucht

Der Sonnenvogel ist neben der Schama der am meisten gezüchtete Weichfresser.

Nest: In freier Natur flechten Sonnenvögel ihre Nester napfförmig in eine Astgabel. Sie versuchen oft, in der Voliere oder im Käfig ein ebensolches Napfnest zu flechten. Häufig ist es mangels geeigneter Baumaterialien nicht stabil genug. Helfen Sie Ihren Vögeln, indem Sie an der Stelle, an der sie ein Nest zu flechten beginnen, ein halboffenes Körbchen befestigen. Es wird meistens als Nestgrundlage akzeptiert. Als Baumaterial sind Kokosfasern und Bast gut geeignet.

Jungenaufzucht: Die Altvögel akzeptieren fast ausschließlich Lebendinsekten; gelegentlich werden auch frischtote, gefrostete Insekten angenommen. Wenn das Elternpaar in einer Freivoliere im Garten gut eingewöhnt ist, können Sie die Altvögel – solange die Jungen noch nicht flügge sind – in den Garten fliegen lassen, um dort lebende Insekten zu fangen (→ Seite 53). Füttern Sie neben den frischen

Insekten das gewohnte Weichfutter, vitaminreiche Früchte und Beeren. Sie schaffen damit ein optimales Nahrungsangebot, und die Jungvögel gewöhnen sich bald an das Ersatzfutter. Sie können die Sonnenvogel-Familie so lange in einer Voliere gemeinsam halten, bis die Vogeleltern erneut zur Brut schreiten. Dann die Jungen absondern, um den Altvögeln einen ungestörten Brutverlauf zu ermöglichen.

Gesangsunterricht: Junge Sonnenvogel-Männchen entwickeln sich nur dann zu guten Sängern, wenn sie einen guten Lehrmeister haben, andernfalls bleiben sie gesanglich rechte Stümper. Sie sollten Ihren Jungvögeln möglichst oft Tonbandaufnahmen guter Sonnenvogelgesänge vorspielen. Dazu ist es nie zu spät. Sogar nach Abschluß der Jugendentwicklung können Sonnenvogel-Männchen ihren Gesang noch lernen oder verbessern.

Brutdaten

Neststandort im natürlichen Lebensraum: Nicht sehr hoch: 0,5 bis 1,5 m; in Büschen und anderen guten Verstecken.
Brutpflege: Männchen und Weibchen brüten und sorgen gemeinsam für die Jungen.
Gelege: 3 bis 4 kegelförmige Eier, mit einem sehr breiten und einem sehr spitzen Pol; Farbe: blaßgrün mit rotbraunen Flecken, vor allem am stumpfen Pol; Eigröße 22 × 16 mm.
Brutdauer: 12 bis 13 Tage.
Nestlingszeit: 11 bis 12 Tage.

Verwandte Arten

Silberohr-Sonnenvogel

Leiothrix argentauris (Hodgson, 1837)
Foto Seite 28, Umschlagrückseite

Verbreitung: Vom Himalaya (westlich etwa bis zum 79. Längengrad) über Assam und Südchina, Nord-Indochina, von Birma und Nordwest- und Süd-Thailand bis Malaysia und West-

Sumatra. Lebensraum: Wie Sonnenvogel. Gesamtlänge: 17 cm. Aussehen und Wesen: Vom Sonnenvogel durch schwarze Kopfpartien und die helle Wange gut zu unterscheiden. Schwanzdecken beim Männchen rot, beim Weibchen ockerfarben. Im Wesen dem Sonnenvogel ähnlich. Haltung: Wie Sonnenvogel, bevorzugt jedoch höheren Insektenanteil im Futter; gilt als empfindlicher und ist eher für Volieren- als für Käfighaltung geeignet. Stimme: Gesang dem des Sonnenvogels ähnlich, jedoch lauter und einförmiger.

Roter Silberohr-Sonnenvogel *Leiothrix argentauris laurinus* (Unterart).
Besonders farbenprächtig und größer als der Silberohr-Sonnenvogel. Bei der Unterart aus Sumatra haben beide Geschlechter rote Gefiederpartien (→ Foto, Seite 28). Im Zoofachhandel häufiger erhältlich ist die südchinesische Unterart, bei der nur das Männchen teilweise rot gefärbt ist. Beide Unterarten kommen eher für den fortgeschrittenen Vogelliebhaber in Frage.

Blauflügel-Siva

(Blauflügel-Sonnenvogel)
Siva cyanouroptera (Hodgson, 1837)
Foto Seite 27

Verbreitung: Im Himalaya, bis etwa zum 79. Längengrad, in China bis Szetschwan, Ost-Kwangsi und Hainan, in Indochina, Teilen Birmas und Thailands sowie in Malaysia. Lebensraum: Unterholzreiche Wälder, Bambusdickichte, Plantagen. Gesamtlänge: 14 cm. Aussehen und Wesen: Gefieder unscheinbarer als Sonnenvogel, Geschlechter gleichgefärbt. Liebenswürdiges, munteres Wesen. Haltung: Wie Sonnenvogel. Stimme: Angenehmer Gesang, leiser als beim Sonnenvogel.

Familie Sänger *(Muscicapidae)*

Die Familie der Sänger ist weit verbreitet und in fast allen bewohnbaren Gegenden der Erde durch Arten vertreten. *Muscicapidae* haben die unterschiedlichsten Lebensräume erobert, die unwirtliche Tundra, das Hochgebirge, aber auch den Dschungel der Regenwaldzonen; es gibt sie von den Polarkreisen bis in die Tropen. Viele Arten leben vorzugsweise in Bodennähe. Der Familie werden mehr als 420 Arten zugerechnet, entsprechend vielfältig ist das Erscheinungsbild in Gestalt und Zeichnung. Die Sänger lassen sich grob in zwei Gruppen unterteilen: Die schlankeren Schmätzerartigen (zum Beispiel Nachtigall, Rotschwanz, Fliegenschnäpper), zu denen auch Schama, Dajal und Weißscheitelrötel zählen, und die mehr gedrungenen Drosseln im engeren Sinne (zum Beispiel Amsel, Damadrossel). Männchen und Weibchen können gleichgefärbt sein (zum Beispiel Singdrossel, Rotkehlchen) oder aber deutliche Geschlechtsunterschiede besitzen (zum Beispiel Amsel in der Färbung, Schama auch in Gestalt). Die Jungvögel der meisten Sänger haben ein bräunliches Gefieder mit dunklen Flecken. Viele Arten sind sehr stimmbegabt; einige zählen zu den besten Singvögeln der Welt.

Schama

(Schamadrossel)
Copsychus malabaricus (Scopoli, 1788)
Fotos Seite 46, Umschlagrückseite
Zeichnungen Seite 39, 60, 67

Verbreitung: Vorder- und Hinterindien, Andamanen-Inseln, Südchina, Inseln des indonesischen Raumes; auf Hawaii eingebürgert. Lebensraum: Dschungel im Flachland und im hügeligen Gelände, häufig in Wassernähe.

Gesamtlänge und Aussehen: Männchen: 25 bis 28 cm, davon entfallen knapp ⅔ auf den Schwanz; Oberseite schwarzblau. Weibchen: etwas kleiner, vor allem kürzerer Schwanz;

Oberseite aschgrau, Braunfärbung der Unterseite weniger intensiv. Die Jungvögel ähneln dem Weibchen. Verhalten: Lebt streng territorial, außerhalb der Brutzeit einzelgängerisch. Sucht vor allem am Boden nach Beutetieren (Insekten, Spinnen, Würmer, Schnecken und anderes Kleingetier). Stimme: Zählt zu den besten Singvögeln der Welt. Gesang laut, wohlklingend und abwechslungsreich. Vollendeter Spötter; auch Weibchen singen; bei Erregung und Gefahr wird ein scharfes tack-tack ausgestoßen. Name: Wird meist Schamadrossel genannt, ist aber keine Drossel im engeren Sinn.

Haltung

Die Schama besitzt viele ideale Eigenschaften: Geringe Pflegeansprüche, rasches Zahmwerden, temperamentvolles Wesen, attraktives Aussehen, fleißiger und abwechslungsreicher Gesang, hohe Lebenserwartung. Eine Schamadrossel ist besonders dann zu empfehlen, wenn Sie nur einen einzelnen Weichfresser pflegen möchten. Als ausgeprägter Einzelgänger ver-

mißt sie Artgenossen weniger als gesellige Arten.

Unterbringung: Wegen der Unverträglichkeit der Vögel untereinander können Sie ein Paar nur in einer geräumigen Voliere halten. Die gleichzeitige Unterbringung von mehreren Männchen in einer Unterkunft ist nicht möglich.

Käfig: Der Käfig der langschwänzigen Schama darf nicht zu knapp bemessen sein (→ Mindestmaße, Seite 12). Empfehlenswert ist ein Kistenkäfig an einem nicht zu hellen Standort. Er gibt dem Dschungelvogel genügend Deckung und verhindert weitgehend das Herausschleudern von Sand und Futterresten, denn Schamadrosseln halten sich viel am Boden auf.

Ausstattung: Wenige Sitzzweige genügen. Den Boden sollten Sie mit einigen Steinen, einem dicken Ast oder dergleichen bestücken, damit Ihre Schama sich dort beschäftigen kann. Stellen Sie Wasser- und Futtergefäße auf den Boden und achten Sie darauf, daß ihr Inhalt nicht von den Sitzzweigen aus verschmutzt werden kann. Manche Schamas baden nie in einem Badehaus. In diesem Fall sollten Sie Ihrem Vogel beim Freiflug im Zimmer eine Schale mit Wasser auf den Fußboden stellen; diese Bademöglichkeit wird meist gerne angenommen. Eine Schale mit frischen Moosstücken, einer Grassode oder Laubwald-Erde bietet Ihrer Schama eine besondere Beschäftigungsmöglichkeit und ist eine zusätzliche Mineralstoff- und Nahrungsquelle (Kerbtiere und Würmer). Hinweis: Viele Schamadrosseln leiden bei Käfighaltung unter übermäßigem Schnabelwachstum (→ Seite 60). Eine Schale mit frischer Erde gibt dem Vogel die Möglichkeit zum Stochern und fördert damit die Abnutzung des Schnabelhorns.

Zimmervoliere: Sie ist für diesen großen Vogel der geeignetere Lebensraum. Für die Einrichtung gelten die gleichen Grundsätze wie beim Käfig.

Freivoliere: Während der Sommermonate kann die Schama auch im Freien untergebracht werden. Als Bewohner der Subtropen und Tropen braucht sie jedoch eine warme Überwinterung. Manche Schamas sind Mitbewohnern anderer Arten gegenüber friedlich, andere nicht.

Fütterung: Schamadrosseln sind problemlose Kostgänger. Die Insektenfuttermischung (bevorzugt Fettfutter) sollten Sie durch Zusätze (hartgekochtes Ei, Ameisenpuppen) ergänzen. Auch Beoperlen, Kükenpreßkorn oder aufgeweichte Hundeflocken werden von vielen Schamas gerne gefressen. Lebendfutter: Die Schama liebt Mehlwürmer über alles. Sie sollten ihr aber nicht mehr als 10 bis 15 Stück pro Tag geben. Bei anderen – weniger fetten – Futtertieren (Grillen, Tausendfüßern, Asseln, kleinen Spinnen und Maden) können Sie großzügiger sein. Beeren und kleingeschnittenes Obst werden als Beifutter nur ab und zu aufgenommen, kleingeschnittene Vogelmiere, Kresse oder Salatblätter sollten Sie Ihrer Schamadrossel täglich in kleinen Portionen unters Futter mischen. Zur Aufzucht sind Lebendinsekten erforderlich.

Hinweis: Unverdauliche Futterbestandteile (chitinreiche Insekten) sind für das Wohlbefinden der Schama wichtig; sie speit diese in Form kleiner Ballen regelmäßig wieder aus.

Wesen: Schamadrosseln werden schnell zahm und entwickeln zu ihrem Pfleger bald ein vertrautes Verhältnis. Nach dem Freiflug im Zimmer sind sie leicht mit einem Mehlwurm wieder in ihren Käfig zurückzulocken.

Hinweis: Vorsicht! Schamas halten sich im Zimmer viel in Bodennähe auf, zahme Tiere sind dabei oft sorglos und können leicht getreten werden.

Stimme: Hohe Musikalität, große Spottbegabung und eine Vielzahl an Motiven kennzeichnen den Gesang der Schamadrossel. Die Motive werden ständig abgeändert und variiert durch Aufnahme neuer Geräusche und Vogel-stimmen. Der Schamagesang kann in drei Typen unterteilt werden:

- den lauten Motivgesang (dient vornehmlich der Revierkennzeichnung und der Paarbildung),
- den leisen Kampfgesang (dient der Verteidigung des Territoriums, leitet zugleich die Paarbildung ein)
- sowie den Ruhegesang, der mehr als eine Stunde lang ohne Unterbrechung vorgetragen werden kann.

Die Gesangstypen werden durch bestimmte Körperhaltungen begleitet. Motivgesang: hochaufgerichtet mit steil aufgestelltem Schwanz; Kampfgesang: gespreizte Flügel, Schwanz gefächert; Ruhegesang: leicht aufgeplustert, entspannte Haltung.

Auch Weibchen singen, allerdings weniger und kürzer. Die Partner eines Paares übernehmen Motive des anderen in ihr Lied. Da die Imitation des eigenen Gesanges auf Schamadrosseln aggressionsauslösend wirkt, werden ganze Gesangsteile des Partners nur verwendet, wenn der andere ihn aus den Augen verloren hat – er ruft ihn damit gewissermaßen beim Namen. Leider singen nicht alle Schamas gleich gut. Oft liegt die mangelnde Sangeslust an den Haltungsbedingungen (ungünstiger Käfigstandort, ungeregelter Tagesablauf, einseitige, zu gehaltvolle oder mangelhafte Ernährung). Überprüfen Sie daher die Haltungsumstände, wenn Ihre Schamadrossel nicht singen will. Schamas bleiben ihr Leben lang lernfähig und lassen sich leicht zum Singen verleiten, zum Beispiel durch Vorspielen von Vogelstimmen-Aufnahmen oder von Musik.

Hinweis: Zwei Schamamännchen können sich gesanglich anregen und ergänzen – doch nur, wenn die Käfige nicht zu dicht beieinander stehen (Nachbarzimmer), sonst bricht meist ein kurzer, heftiger Sängerkrieg aus, und der Unterlegene gibt künftig keinen Ton mehr von sich.

Zucht

Schamadrosseln gehören zu den regelmäßig gezüchteten Weichfressern. In einer geräumigen Voliere sind sie am ehesten bereit, das Brutgeschäft zu beginnen, doch waren Zuchten schon in Flugkäfigen und sogar größeren Käfigen erfolgreich.

Paarbildung: Männchen und Weibchen müssen sehr sorgfältig aneinander gewöhnt werden, sonst kann das Kennenlernen mit dem Tod des unterlegenen Vogels ein vorzeitiges Ende nehmen. Bei Käfighaltung sollten die Vögel sich mehrere Tage lang durchs Gitter sehen. Erst wenn das Aggressionsverhalten des Männchens durch Balzbemühungen abgelöst wird, dürfen sie zusammengelassen werden. Bei Volierenzucht sollte das Weibchen die Voliere einige Tage eher beziehen; es fühlt sich dann schon heimisch, wenn das Männchen dazukommt. Dichter Bodenbewuchs oder lose Reisighaufen können dem Weibchen zusätzlich Schutz gewähren. Hilfreich ist es, wenn sich die Vögel zunächst durch ein Gitter kennenlernen (vorübergehend in benachbarten Volieren unterbringen oder Männchen für einige Tage in einem Käfig in die Zuchtvoliere stellen). Bei der Balz umtanzt das Männchen das Weibchen am Boden, fliegt ihm nach und singt es an. Dabei dienen der stattliche schwarze Schwanz und das im Kontrast dazu stehende weiße Bürzelgefieder als optische Signalträger. Dauer der Balz: etwa eine Woche.

Nest: Wird vom Weibchen allein gebaut. Es bevorzugt halboffene oder geschlossene Kästen (Nistkästen für sogenannte Halbhöhlenbrüter, Starenkästen, Sittichnistkästen; Einflugöffnung eventuell etwas erweitern!). Als Unterlage dienen Fasern, Wurzeln, Späne, Blätter, Tierhaare und ähnliches. Für die Nistmulde werden gerne Kokosfasern verarbeitet. Dauer des Nestbaus: etwa drei Tage. Das Weibchen brütet meistens alleine; an der Aufzucht sind dagegen beide Vogeleltern beteiligt.

Hinweis: Manchmal verfolgt das Männchen das brütende Weibchen oder zerstört gar das Gelege. Dann muß es während der Brutdauer aus dem Zuchtraum entfernt werden.

Jungenaufzucht: Nach dem Schlüpfen der Jungen beteiligt sich das Männchen meistens anstandslos an der Aufzucht. Wenn die Jungen selbständig geworden sind, müssen sie den Brutraum verlassen. Vor allem die Männchen sind einzeln unterzubringen, sonst kann es unter den Geschwistern zu schweren Kämpfen kommen.

Gesangsunterricht: Junge Schamadrosseln lernen den Gesang vor allem vom eigenen Vater. Sie sollten die Männchen daher in Hörweite unterbringen. Tonbandaufnahmen und Vogelstimmen aus dem Garten bereichern den Gesang der Jungtiere.

Brutdaten

Neststandort im natürlichen Lebensraum: Bevorzugt in Baumhöhlen und Löchern in Bambusstämmen, gewöhnlich nicht höher als 2 m, zuweilen in Bodennähe.

Brutpflege: Nestbau und Bebrüten der Eier durch das Weibchen, Jungenaufzucht durch beide Elternteile.

Gelege: 4 bis 5 (seltener 3 oder 6 Eier); Farbe: Blasses Blaugrün mit bräunlicher Fleckung; Eigröße 12 × 17,2 mm.

Brutdauer: 11 Tage.

Nestlingszeit: 12 bis 13 Tage.

Verwandte Arten

Dajal (Dajaldrossel)
Copsychus saularis (Linné, 1768)
Foto Seite 46

Verbreitung: Mit vielen Unterarten in Südostasien weitverbreitet: In Vorder- und Hinterindien, auf Sri Lanka und den Andamanen-Inseln, in Südchina und auf vielen Inseln des

Malaiischen Archipels. Lebensraum: Lichte Wälder, Buschland oder Mangrovendickichte, aber auch in Gärten und Parks der Städte. Gesamtlänge: 20 cm. Aussehen und Wesen: Kräftigere Körpergestalt als Schamadrossel, Schwanz kürzer; Männchen und Weibchen unterschiedlich gefärbt: Die schwarzen Gefiederpartien des Männchens sind beim Weibchen mehr grau; sucht Nahrung vor allem in Bodennähe; nimmt auch Nektar auf. Haltung: Entspricht weitgehend der Schama. Stimme: Gesang laut, melodisch und abwechslungsreich.

Weißscheitelrötel
Cossypha niveicapilla (Lafresnaye, 1838)

Verbreitung: Zentrales Afrika südlich der Sahara von Senegal bis Südwest-Äthiopien. Lebensraum: Sowohl wald- und unterholzreiche Gebiete als auch Trockensavannen und Parkanlagen. Gesamtlänge: 20 cm. Aussehen und Wesen: Geschlechter schwer zu unterscheiden, Weibchen meist etwas kleiner. Lebt paarweise, streng territorial, vorwiegend in Bodennähe. Ernährt sich hauptsächlich von Insekten, frißt nur gelegentlich Beeren. Haltung: Anspruchsvoller als Schama, Dajal oder Damadrossel; sollte nur von erfahrenen Weichfresserpflegern gehalten werden. Für Käfighaltung wenig geeignet, Unterbringung in Zimmervoliere von mindestens 2 m Länge, besser noch in geräumiger, gut bepflanzter Freivoliere. Kann dort vom Frühjahr (etwa ab Ende April) bis Herbst leben. Futter: Insektenfuttermischung für Drosseln, daneben viel lebende Insekten (wie Mehlwürmer, Grillen, Pinky-Maden oder Wachsmottenlarven), manche Vögel fressen auch kleingeschnittene Apfelstückchen; zur Aufzucht unbedingt Lebendinsekten. Paarweise Unterbringung empfehlenswert, da sehr streitsüchtig. Zucht: Halbhöhlenbrüter, daher halboffene Kästen, Nischen als Nestunterlage be-

vorzugt. Nach Eiablage Männchen aus Zuchtvoliere entfernen, da es häufig das brütende Weibchen attackiert und auch den Jungvögeln gefährlich werden kann; Männchen beteiligt sich meist ohnehin nicht an der Aufzucht der Jungen. Stimme: Ausgezeichneter Sänger, verfügt außerdem über großes Spottalent.

Damadrossel
Geokichla citrina (Latham, 1790)
Foto Seite 46

Verbreitung: In zahlreichen Unterarten in Indien, im Himalayagebiet bis Südchina, Bangladesch, Birma, Thailand, Malaysia und Indochina sowie auf einigen südostasiatischen Inseln. Lebensraum: Dichte Wälder und deckungsreiche Gärten. Gesamtlänge: 21 cm. Aussehen und Wesen: Gedrungene Drosselgestalt; Rücken des Männchens blaugrau, der des Weibchens bräunlich gefärbt. Lebt als scheuer Vogel (einzeln oder paarweise) überwiegend am Boden. Haltung: Ähnlich wie Schamadrossel. Bleibt aber in menschlicher Obhut lange ängstlich, Unterbringung daher besser in dicht bepflanzter Voliere als im Käfig. Sehr verträglich, daher gut für Gemeinschaftsvoliere geeignet. Neben Insektenfuttermischung auch Lebendinsekten, Würmer, kleine Schnecken; zeitweise werden Beeren gerne genommen. Stimme: Gesang sehr angenehm, erinnert an Singdrossel.

Bülbüls.   ▷
Oben links: Rotohrbülbül, *Pycnonotus jocosus*; oben rechts: Tonkibülbül (Rotsteiß-, Kalabülbül), *Pycnonotus cafer*; unten links: Weißohrbülbül, *Pycnonotus leucogenys*; unten rechts: Graubülbül, *Pycnonotus capensis*.

Rotbauchniltava
(Rotbauchfliegenschnäpper)
Niltava sundara (Hodgson, 1837)
Foto Seite 45

Verbreitung: Im Himalayagebiet von Pakistan bis zum südwestlichen China, in Birma und Nordwestthailand. Lebensraum: Bergwälder mit reichem Bodenbewuchs und Unterholz, meist in Wassernähe; bis in Höhen von 2500 m. Gesamtlänge: 16 bis 16,5 cm. Aussehen und Wesen: Weibchen unterscheidet sich vom farbenprächtigen Männchen durch schlichtbraunes Federkleid mit charakteristischen blauen Halsflecken und einem weißen Band am Übergang von der Kehle zur Brust. Erinnert in seiner Lebensweise an unser Rotkehlchen; hält sich wie dieses viel in Bodennähe auf. Nest wird meist in Felsnischen oder Baumhöhlen errichtet. Nahrung: Vor allem Insekten, die vom Boden gesammelt, oder aber nach typischer Fliegenschnäpperart in der Luft erbeutet werden; in der insektenarmen kalten Jahreszeit vermehrt auch Beeren. Haltung: Erfordert Erfahrung in der Vogelpflege. Unterbringung möglichst in einer bepflanzten Voliere. Futter: Insektenweichfutter, viel lebende Insekten, daneben auch Beeren (zum Beispiel Roter und Schwarzer Holunder oder kleingeschnittene

Rosinen). Zucht bislang selten gelungen; als Halbhöhlenbrüter sollte ihnen ein halboffener Nistkasten angeboten werden. Stimme: Angenehmer Gesang, Gesangsstücke anderer Vogelarten werden eingeflochten.

Familie Brillenvögel *(Zosteropidae)*

Die geselligen Brillenvögel sind eine artenreiche Familie, die in Afrika, Süd- und Ostasien, in Australien und seiner benachbarten Inselwelt beheimatet ist. Mit über 60 Arten ist die Gattung *Zosterops* die größte Gruppe der Familie und zugleich eine der artenreichsten Gattungen in der gesamten Vogelwelt. In Aussehen und Lebensweise sind die Arten einander sehr ähnlich. Der typische weiße Federring um das Auge ist bei den einzelnen Arten unterschiedlich ausgebildet; bei vielen ist er nach vorne zum Zügel hin unterbrochen und beim Schwarzring- oder Schwarzäugigen Brillenvogel schwarz.
Zur Brutzeit leben Brillenvögel überwiegend von Insekten, sonst vor allem von Früchten, Beeren und Nektar. Bei der Nahrungssuche zirkeln sie häufig, das heißt sie erweitern Löcher oder Spalten (beispielsweise in einer Frucht) durch Spreizen des Schnabels. Mit einer Brutdauer von 10 Tagen und wenigen Stunden besitzen einige Brillenvogelarten die kürzesten Brutzeiten aller Vögel überhaupt. Außerhalb der Brutzeit leben Brillenvögel oft in Gemeinschaft mit anderen Vogelarten. Einige Arten sind Zugvögel, die zweimal im Jahr beachtliche Strecken zurücklegen; die Rotflanken-Brillenvögel meistern zweimal jährlich 3500 km und mehr.
Die munteren Brillenvögel sind reizende Hausgenossen. Besonders häufig werden in menschlicher Obhut gehalten: Gangesbrillenvogel, Japanischer Brillenvogel und Rotflanken-Brillenvogel.

◁ Blattvögel.
Oben links: Orangebauch-Blattvogel (Blaubart-Blattvogel), *Chloropsis hardwickii* – Männchen; oben rechts: Orangebauch-Blattvogel – Weibchen; unten links: Goldstirn-Blattvogel, *Chloropsis aurifrons*; unten rechts: Blauflügel-Blattvogel (Jerdons Blattvogel), *Chloropsis cochinchinensis*.

Gangesbrillenvogel
(Indischer Brillenvogel)
Zosterops palpebrosus (Temminck, 1824)
Fotos Umschlagseite 2 und Umschlagrückseite
Zeichnungen Seite 23, 30, 36, 51, 52, 53, 68

Verbreitung: Südost-Afghanistan, Vorder- und Hinterindien, Südwestchina, Lakkadiven, Sri Lanka, Andamanen- und Sunda-Inseln; viele Unterarten, die in drei Gruppen zusammengefaßt werden: eine graubäuchige und zwei gelbbäuchige. Lebensraum: Wälder, Gebüsch, Mangrovendickichte, Plantagen, Gärten; im Himalaya bis in Höhen von 2300 m.
Gesamtlänge: 10 cm. Aussehen: Bauch bei einigen Unterarten grau, bei anderen mit einem gelben Streifen längs der Mittellinie; Augenring zum Schnabel hin nicht ganz geschlossen; Färbung der Geschlechter sehr ähnlich, beim Männchen intensiveres Gelb an Kehle und Unterschwanzdecken. Verhalten: Aufenthalt vor allem in den Kronen der Bäume, nur selten auf dem Boden. Sehr gesellige Art; außerhalb der Brutzeit in Trupps lebend auf der Suche nach blüten- und früchtetragenden Bäumen. Nahrung vorwiegend Beeren, Nektar und Insekten; größere Früchte werden mit dem Schnabel angepickt und der austretende Saft getrunken.

Stimme: Intensive Stimmfühlungs- und Warnlaute; Gesang des Männchens leise; zur Brutzeit auch auffallend laute Rufe.

Haltung
Die munteren Gangesbrillenvögel pflegen ein liebenswürdiges Miteinander und werden rasch zutraulich. Sie stellen keine hohen Anforderungen an Haltung und Fütterung und können ein hohes Alter erreichen; 10 Jahre sind keine Seltenheit (→ Seite 69).
Unterbringung: Brillenvögel sind zwar zierlich aber sehr bewegungsfreudig und benötigen deshalb einen möglichst großen Käfig.
Käfig: Ein Drahtkäfig ist besser geeignet als ein Kistenkäfig oder eine Vitrine, weil die Vögel dort mehr Klettermöglichkeiten haben. Die Sitzzweige müssen leicht auszutauschen sein, da sie von den Frucht- und Nektarresten rasch klebrig werden. Bringen Sie Näpfe und Badehäuser erhöht an (im Käfig ans Gitter oder in ein Badehaus, in der Voliere auf einen Futtertisch), denn Brillenvögel kommen nur ungerne auf den Boden. Die Füße sind ihrer kletternden Lebensweise angepaßt und schlecht für die Fortbewegung am Boden geeignet. Beim Freiflug im Zimmer nehmen Brillenvögel gerne ein Bad in naßgesprühten Blattpflanzen.
Zimmervoliere: Eine Voliere erhöht die Bewegungsmöglichkeiten Ihrer Gangesbrillenvögel; für die Ausstattung gelten die gleichen Bedingungen wie für den Käfig.
Freivoliere: Als Bewohner auch höherer Bergregionen können Gangesbrillenvögel – nach guter Eingewöhnung – einen großen Teil des Jahres in einer Freivoliere zubringen. Selbst im Winter kann man sie ins Freie lassen, wenn die nötigen Voraussetzungen erfüllt sind (→ Seite 29). Meine eigenen Gangesbrillenvögel halten sich auch bei Frost und Schnee gerne in meiner Balkonvoliere auf und müssen abends mit sanfter Gewalt ins Zimmer getrieben werden.

Hinweis: Gangesbrillenvögel kommen vom Himalaya bis zu den Sunda-Inseln vor; es mag durchaus Unterarten geben, denen die Kälte nicht behagt. Anfangs ist daher Vorsicht und aufmerksames Beobachten geboten.

Fütterung: Für Gangesbrillenvögel ist ein Insektenfutter für Zärtlinge (ein Honigfutter) zu empfehlen. Auch ein Nektarersatz sollte stets vorhanden sein. Mit ihrer langen, pinselförmigen Zunge können Brillenvögel aus einem Kolibriröhrchen trinken. Die tägliche Obstration darf nicht fehlen. Brillenvögel haben eine Vorliebe für weiches, süßes Obst wie Weintrauben, weiche Birnen, Mandarinen – auch Kaktusfeigen werden begierig gefressen. Als Lebendinsekten kommen vor allem weiche und kleine Kerbtiere in Frage, wie Getreideschimmelkäferlarven, Essigfliegen, frisch gehäutete oder junge Mehlwürmer, Ameisenpuppen, ferner Enchyträen. Eine besondere Freude machen Sie Ihren Brillenvögeln mit einem frischen, belaubten, mit Blattläusen besetzten Zweig, an dem sie sofort aufgeregt auf Insektenjagd gehen.

Hinweis: Bei unzureichender Bewegung und carotinarmer Kost kann das Gefieder ausbleichen; grüne Gefiederbereiche werden grau und die intensiv gelben Partien an Kehle und Unterschwanzdecken blaßgelb. Ändern Sie die Haltungsbedingungen (→ Seite 65)!

Wesen: Gangesbrillenvögel sind ausgesprochen geselligkeitsbedürftig und müssen zumindest paarweise gehalten werden. Die Partner verbringen viel Zeit eng aneinandergekuschelt mit gegenseitigem Gefiederkrauen. Sie können gut mit anderen Vogelarten (wie Prachtfinken) vergesellschaftet werden und wissen sich selbst gegenüber größeren Arten zu behaupten. Das Kontaktbedürfnis von Brillenvögeln ist so groß, daß sich einzelne Vögel bald anderen ähnlich sozialen Mitbewohnern anschließen. Dies tun sogar überzählige Einzelvögel, wenn Artgenossen zwar zugegen, aber fest verpaart sind.

Bringen Sie bei Käfighaltung nicht mehr als ein Paar pro Käfig unter, und wählen Sie, wenn dieser groß genug ist, als Mitinsassen lieber andere Vogelarten (wie Prachtfinken). Ein Brillenvogelschwarm sollte nur in einer großen, bepflanzten Voliere untergebracht werden. Erst hier entfalten die Vögel ihren ganzen Verhaltensreichtum.

Brillenvögel sind – bei aller Liebenswürdigkeit untereinander – doch rechte Streithähne. Ein Zank ist schnell vom Zaun gebrochen, mit wütendem Schnabelknappen gehen sie aufeinander los. Wenn aber Platz zum Ausweichen und zum Verstecken ist, sitzen die Kampfhähnchen bald wieder einträchtig und gefiederkrauelnd beieinander. Verhaltensforscher deuten gerade das intensive gegenseitige Gefiederkrauen der Brillenvögel als Beschwichtigungsverhalten bei einer hohen innerartlichen Aggressivität.

Stimme: Gangesbrillenvögel lassen ihre zahlreichen Stimmfühlungs- und Kontaktlaute – meist ein- oder zweisilbige Rufe – fast ständig hören. Der bescheidene Gesang des Männchens klingt angenehm. Die leise Strophe wird gerne aus einem Versteck heraus (zum Beispiel einer dichten Pflanze) vorgetragen; sie erinnert an das Lied von Sumpfrohrsänger oder Gelbspötter. Vor allem unverpaarte Männchen singen fleißig.

Zucht

Die Zucht von Gangesbrillenvögeln ist schon oft in Voliere, Vogelstube und Käfig gelungen. Wegen der geringen Geschlechtsunterschiede gehört Glück dazu, ein wirkliches Paar zu erwerben; wenn Sie gleich vier Vögel kaufen, ist die Wahrscheinlichkeit größer. Allerdings müssen überzählige Tiere aus dem Zuchtraum entfernt werden, sobald sich ein Paar herausgebildet hat und in Brutstimmung kommt; andernfalls sind schwere und anhaltende Streitereien die Folge. Diese können nicht nur den Bruterfolg zunichte machen, sondern sogar tödlich enden. Manche Brutpaare greifen selbst andere Vogelarten mit grünen Gefiederpartien an.

Nest: Am Nestbau beteiligen sich Männchen und Weibchen gemeinsam. Im Freileben bauen sie Napfnester in Zweiggabeln. Sie schlingen zunächst einen Ballen aus Pflanzenwolle und ähnlichem Material um die Zweige; da hinein formen sie unter Verwendung von Halmen und Fasern einen kleinen Napf. Ihre brutwilligen Gangesbrillenvögel brauchen als Neststandort Sträucher, Nadelgehölze oder kräftige Ranken (Wilder Wein, Knöterich). Das Fundament des Nestes wird aus Watte oder Baumwolle gebaut; für den eigentlichen Brutnapf reichen Kokosfasern, Grashalme oder dergleichen. Oft werden auch künstliche Nisthilfen (→ Seite 50) angenommen.

Brut: Beim Brüten und Hudern wechseln sich die Partner häufig ab, gelegentlich sitzen beide übereinander auf dem Nest. Eine besondere Art der Brutfürsorge konnte ich einmal beobachten: Meine Gangesbrillenvögel hatten ihr Nest genau an der Grenze zwischen überdachtem und freien Teil der Voliere errichtet. Bei Regen stellte sich das Männchen auf den Nestrand und breitete die Flügel schützend über das Nest und sein brütendes Weibchen.

Jungenaufzucht: Als Aufzuchtfutter findet ausschließlich Lebendfutter Beachtung, besonders Blattläuse, Mehlwürmer (frisch gehäutete oder ganz junge), Pinky-Maden, Larven von Getreideschimmelkäfern, Essigfliegen und andere kleine weiche Insekten. Gefrorene Ameisenpuppen und junge, eingefrorene Grillen werden nur ausnahmsweise angenommen. Obst verfüttern die Vogeleltern erst nach dem Ausfliegen an die Jungen (→ Zeichnung, Seite 53).

Wenn die Jungen das Nest verlassen, ist die Hautpartie um Augen und Kehle noch unbefiedert; der Augenring wächst erst nach etwa 5 bis 6 Tagen, wenn die Jungvögel ihre volle Flugfähigkeit erlangt haben. Dies ist vermutlich eine Schutzmaßnahme gegenüber den Angriffen fremder Artgenossen, die die Jungvögel so lange nicht behelligen, wie ihnen der Augenring fehlt, und sie sich noch ungeschickt in den Zweigen bewegen. Die eigenen Eltern dagegen dulden sie noch lange in ihrer Nähe und füttern sie oft sogar noch nach Beginn einer neuen Brut weiter.

Aufzucht mit Freiflug: Gangesbrillenvögel eignen sich sehr gut für die Aufzucht mit Freiflug der Vogeleltern (→ Seite 53). Diese finden sich im Garten schnell zurecht und sind so unauffällig, daß sie wohl kaum in Gefahr geraten, gefangen zu werden. Im Jahre 1986 habe ich erstmals meinen Brillenvögeln Freiflug zur Aufzucht gewährt. Die Futterbeschaffung war so gut, daß die drei Jungen nach einer Nestlingszeit von nur 11 Tagen (die beiden älteren) beziehungsweise 10 Tagen (das jüngere) ausflogen. Neben den erbeuteten Insekten verfütterten die Alten auch reichlich von mir gegebene Mehlwürmer, Essigfliegen und Pinky-Maden.

Brutdaten

Neststandort im natürlichen Lebensraum: In Gabeln dichtbelaubter Zweige; Nesthöhe: 1 bis 6 m; Nest: lose aus Gras, Moos, Spinnweben und Pflanzenwolle geflochten.

Brutpflege: Partner wechseln einander beim Brüten ab.

Gelege: 2 bis 4 (meistens 3) Eier; Farbe: einfarbig, zartes Blaugrün; Eigröße: 15,2 × 11,5 mm.

Brutdauer: 10 bis 11 Tage.

Nestlingszeit: 10 bis 13 Tage.

Verwandte Arten

Japanischer Brillenvogel
Zosterops japonicus (Temminck & Schlegel, 1847)

Verbreitung: In Ostasien weit verbreitet; von Japan über die Riukiu-Inseln bis nach Taiwan und Hainan, auf dem Festland in großen Teilen Chinas: von Schenhsi, Honan und Schantung im Norden bis nach Indochina im Südosten. Unterart vom Festland wird oft als Chinesischer Brillenvogel bezeichnet. Lebensraum: Plantagen, Gärten, lichte Wälder. Gesamtlänge: 11 cm. Aussehen und Wesen: Ähnlich wie Gangesbrillenvogel, Flanken bei vielen Rassen bräunlich bis rötlich-gelb. Haltung: Wie Gangesbrillenvogel. Stimme: Ähnlich dem Gangesbrillenvogel.

Rotflanken-Brillenvogel
(Goldkinn-Brillenvogel)
Zosterops erythropleurus (Swinhoe, 1863)
Foto Seite 18

Verbreitung: Russisch-chinesisches Grenzgebiet um Ussuri und Amur, Teile der östlichen Mandschurei; das nördlichste Verbreitungsgebiet aller Brillenvögel; überwintert in Szetschwan, Yunnan, Ostbirma, Nordsiam und Tongking. Lebensraum: Weidendickichte der Taiga. Gesamtlänge: 11 cm. Aussehen und Wesen: Unterscheidet sich vor allem durch den markanten kastanienbraunen Flankenstrich von den beiden erstgenannten Arten; im Wesen ihnen ähnlich. Haltung: Ähnlich wie Gangesbrillenvogel; wird meist nicht so zutraulich wie dieser; besser für die Haltung in der Voliere als im Käfig geeignet. Stimme: Gesang ähnelt dem des Gangesbrillenvogels, jedoch melodischer und abwechslungsreicher.

Familie Blattvögel *(Chloropseidae)*

Die 8 Arten der Blattvogel-Familie sind beheimatet in den Urwäldern Südostasiens, vom Himalaya und Südchina im Norden über die vorder- und hinterindischen Halbinseln bis nach Sri Lanka, Malaysia und zu den Sunda-Inseln im Süden. Außerhalb der Brutzeit leben sie vielfach mit anderen fruchtfressenden Vogelarten (wie Bülbüls) zusammen. In den Kronen der Bäume suchen sie nach Früchten und Blüten. Durch den Bau ihres schlanken, leicht abwärts gebogenen Schnabels und ihrer an der Spitze pinselförmigen Zunge sind sie besonders an die Nektaraufnahme aus Blütenkelchen angepaßt.
Alle Blattvögel haben kurze, kräftige Beine und ein ähnliches Federkleid, in dem grüne Farbtöne vorherrschen. Bei einigen Arten sind die Geschlechter gleichgefärbt, bei anderen fehlen den Weibchen die schwarzen Gefiederpartien am Kopf. Alle Blattvogelarten sind sehr stimmbegabt und für ihr ausgeprägtes Spottalent berühmt, das sie in die Lage versetzt, die Laute anderer Vogelarten zu imitieren und in den eigenen Gesang einzubauen. Besonders gern werden Goldstirn-Blattvogel, Orangebauch-Blattvogel und Blauflügel-Blattvogel in menschlicher Obhut gehalten.

Goldstirn-Blattvogel
Chloropsis aurifrons (Temminck, 1829)
Foto Seite 80
Zeichnung Seite 24

Verbreitung: Indien bis Südthailand und Indochina, Sri Lanka, Sumatra. Lebensraum: Immergrüne Wälder von Hügellandschaften und Mittelgebirgen; in den Vorgebirgen des Himalaya bis in Höhen von 1800 m. Gesamtlänge: 19 cm. Aussehen: Gleiche Färbung beider Geschlechter; Kehle – je nach Unterart – blau oder schwarz mit blauen Bartstreifen; vom sehr ähnlichen Blauflügel-Blattvogel durch die goldene Stirn und die grünen Handschwingen zu unterscheiden. Verhalten: Lebt paarweise oder in kleinen Trupps in früchtetragenden Bäumen, oft mit anderen Arten vergesellschaftet; hält sich überwiegend in Wipfeln auf, kommt nur selten auf den Boden. Stimme: Abwechslungs- und motivreicher Gesang (aus wohlklingenden und rauhen Tönen, aus klangvollen Rufen aber auch schrillen und krächzenden Lauten), in den Gesangsmotive anderer Vogelarten eingebaut sind.

Haltung

Der Goldstirn-Blattvogel ist die am häufigsten importierte Blattvogelart. Er zeichnet sich durch munteren Gesang, farbenprächtiges Aussehen und ein sehr zutrauliches Wesen aus. Bei artgerechter Pflege kann er über 10 Jahre alt werden.

Unterbringung: Wegen seiner Streitsucht ist bei Unterbringung im Käfig oder in einer kleineren Voliere nur die Einzelhaltung möglich. Einzeln gehaltene Goldstirn-Blattvögel werden meist sehr zahm und singen besonders fleißig.

Käfig: Blattvögel sind Fruchtfresser. Für ihre Unterbringung ist ein dreiseitig geschlossener Kistenkäfig besonders geeignet, denn so bleibt die Käfigumgebung weitgehend von herausgeschleuderten klebrigen Futterbrocken verschont. Bei Haltung in einem Drahtkäfig: Rück- und Seitenwände mit Plastikfolie abdecken. Die Sitzstangen werden rasch klebrig und müssen häufig mit einem feuchten Tuch gereinigt oder erneuert werden. Wegen der großen Mengen an weichem, feuchtem Kot ist ein saugfähiger Bodenbelag (Katzenstreu) zu wählen. Goldstirn-Blattvögel benötigen als Wipfelvögel viele Kletterzweige. Da sie nur ungern auf den Boden kommen, müssen Futternäpfe und Badehaus erhöht angebracht werden (ans Käfiggitter hängen, Futterbrett).

Zimmervoliere: In einer geräumigen Voliere mit genügend Deckungsmöglichkeiten ist eine Gemeinschaftshaltung mit anderen Vögeln möglich, jedoch wegen ihrer Streitsucht nicht mit Artgenossen oder anderen Blattvögeln.

Freivoliere: Eingewöhnte Goldstirn-Blattvögel vertragen unser Klima gut und können den Sommer über in der Freivoliere verbringen; warme Überwinterung erforderlich.

Fütterung: Goldstirn-Blattvögel leben überwiegend von Früchten (vor allem Beeren und Misteln) und Blütennektar; Insekten spielen außerhalb der Brutzeit nur eine untergeordnete Rolle. Geben Sie Ihrem Blattvogel deshalb neben Früchten aller Art stets einen Nektarersatz (→ Seite 35), den er sich mit seiner Pinselzunge aus Napf oder Trinkröhrchen holt. Ein gutes Insektenfuttergemisch (Honigfutter) sollte nicht fehlen, auch wenn die Vögel nur wenig davon fressen. Lebende Insekten werden gerne, doch meistens nur in kleinerer Menge aufgenommen. Fluginsekten und zugeworfene Mehlwürmer erbeuten sie geschickt in der Luft.

Hinweis: Mit blühenden und vor allem mit beerentragenden Zweigen machen Sie Ihrem Goldstirn-Blattvogel eine große Freude; die Beeren von Eberesche und Feuerdorn sind besonders begehrt.

Wesen: Goldstirn-Blattvögel sind ruhige Vögel. Sie leben sich rasch in ihrer neuen Behausung ein, werden schnell zutraulich und kommen bald auf die Hand, um sich einen Leckerbissen zu holen. Als ausgesprochene Lang- und Tiefschläfer begeben sie sich bereits am späten Nachmittag auf ihren Schlafplatz, wo sie dann tief und fest schlafen und selbst durch Hantieren am Käfig nur schwer aufzuwecken sind. Am Morgen öffnen sie erst zwischen 7.00 und 8.00 Uhr ihre Augen wieder. Blattvögel baden gerne und ausgiebig. Lassen Sie sie beim Freiflug im Zimmer ein Bad in den Blättern naßgesprühter Zimmerpflanzen nehmen.

Stimme: Der abwechslungsreiche Gesang des Goldstirn-Blattvogels gilt als einer der besten Vogelgesänge, die wir kennen. Er enthält eine Fülle von Motiven, klangvollen Rufen aber auch weniger schönen schrillen und krächzenden Lauten. Der Goldstirn-Blattvogel ist ein begabter Spötter und flicht in seinen Gesang die Rufe und Gesänge anderer Vogelarten – zum Teil in vollendeter Weise – ein. Er bleibt auch über seine Jugend hinaus lernfähig und ergänzt seinen Gesang ständig. Der fröhliche Gesang des Goldstirn-Blattvogels ist jedoch nicht jedermanns Sache. Es gibt immer wieder Blattvögel, bei denen die krächzenden Laute überwiegen. Vermutlich handelt es sich dabei um junge Männchen, deren Gesangsausbildung noch nicht zu Ende war, als sie in Menschenhand gelangten, oder um Weibchen. Sie singen ebenfalls, wenn auch einförmiger und weniger fleißig.

Hinweis: Wie bei der Schamadrossel beschrieben (→ Seite 25 und 77), können Sie auch den Gesang Ihres Blattvogels durch das Vorspielen von Vogelstimmen fördern.

Zucht

Die Zucht von Blattvögeln ist überaus schwierig und war bislang nur selten erfolgreich. Die deutsche Erstzucht gelang im Jahre 1979 einem Vogelliebhaber, nachdem er 25 Jahre vergeblich auf Nachwuchs bei seinen Pfleglingen gewartet hatte. Hauptprobleme bei der Zucht:
• Die unsichere Geschlechtsbestimmung: Männchen und Weibchen haben das gleiche Aussehen.
• Die große Streitsucht der Tiere untereinander: Selbst während der Brut und der Jungenaufzucht kommt es immer wieder zu heftigen Attacken des Männchens auf das Weibchen.

Zuchtraum: Bepflanzte Voliere. Wichtig ist auch eine dichte Bodenbepflanzung (mit Farnkräutern), wohin sich das Weibchen bei den wilden Verfolgungsjagden zurückziehen kann.

Nest: Blattvögel bauen freistehende Nester in Astgabeln. Nistmaterial: Lange Hanffäden, Bast, Kokosfasern.

Jungenaufzucht: Das Aufzuchtfutter besteht ausschließlich aus lebenden oder frischtoten Insekten, vor allem aus mittelgroßen Grillen und tiefgefrorenen Ameisenpuppen. Die Vogeleltern des erwähnten Züchters veranlaßten ihre Jungen dadurch zum Sperren, daß sie ihnen, wenn sie mit Futter zum Nest kamen, eine kurze, halblaute Strophe vorsangen. Die Jungen blieben lange bei den Alten, und selbst im Alter von 3 Monaten riefen sie noch lauthals nach ihren Eltern, wenn man sie von diesen trennte. Nach Ende der Brutperiode hörten die Streitigkeiten zwischen den Vogeleltern auf, sie konnten gemeinsam überwintert werden.

Brutdaten

Neststandort im natürlichen Lebensraum: 9 bis 12 m hoch in Bäumen; gut versteckt in den äußersten Zweigen ausladender Äste; Nest ist ein lockerer Napf aus Ranken, Moos, Gras und Blättern, der mit Gras und Bastfäden ausgepolstert wird.
Gelege: 2 bis 3 Eier; Farbe: cremefarben mit rötlichen Flecken oder Tupfen; Eigröße: 23,4 × 15,5 mm.
Brutdauer: Etwa 14 Tage.
Nestlingszeit: Etwa 17 Tage.

Verwandte Arten

Orangebauch-Blattvogel
(Blaubart-Blattvogel)
Chloropsis hardwickii (Jardine & Selby, 1830)
Foto Seite 80

Verbreitung: Vom Himalaya und dem Hügelland Ostpakistans bis Südchina, Nordwestthailand, in Teilen Assams und Laos, in Tongking und Malaysia. In den Gebirgen bis in Höhen von 2400 m und mehr, höher als alle anderen Blattvögel. Lebensraum: Lichte Bergwälder. Gesamtlänge: 20 cm. Aussehen und Wesen: Von den anderen Blattvogelarten durch die größte Ausdehnung der schwarzen Gesichtsmaske (zieht sich bis zur Brust hin) und durch den orangegelben Bauch zu unterscheiden. Dem Weibchen fehlen die schwarze Maske und die tiefblauen Partien an Flügeln und Schwanz; der Orangebauch-Blattvogel besitzt die ausgeprägtesten Geschlechtsunterschiede dieser Gattung. Im Verhalten dem Goldstirn-Blattvogel ähnlich, oft weniger zutraulich und vielfach sehr streitsüchtig. Haltung: Wie Goldstirn-Blattvogel. Stimme: Meisterhafter Sänger und Spötter; Gesang sehr wohlklingend und ausdauernd, aber auch sehr laut. Name: Die Bezeichnung Blaubart-Blattvogel wird auch für den nur 14 cm großen Zwergblattvogel *(Chloropsis cyanopogon)* verwendet.

Blauflügel-Blattvogel
(Gelbkopf-Blattvogel, westliche Unterart auch: Jerdons Blattvogel)
Chloropsis cochinchinensis (Gmelin, 1788)
Foto Seite 80

Verbreitung: Weite Teile Vorderindiens, in Bangladesch und Assam, Hinterindien, von Südwestchina bis zu den Sunda-Inseln und auf Sri Lanka. Lebensraum: Wälder und Waldränder, vorzugsweise im Hügelland. Gesamtlänge: 18 cm. Aussehen und Wesen: Sieht dem Goldstirn-Blattvogel sehr ähnlich; ihm fehlt jedoch die goldgelbe Stirn, die etwas kleinere Gesichtsmaske ist lediglich von einem hellgelben Gefiederstreifen umrahmt, bei manchen Unterarten ist der ganze Oberkopf gelb gefärbt; intensiv blaue Handschwingen und ebensolche äußeren Schwanzfedern. Weibchen: Keine schwarze Gesichtsmaske. Haltung: Wie Goldstirn-Blattvogel. Stimme: Vorzüglicher Spötter und ausdauernder Sänger.

Familie Bülbüls *(Pycnonotidae)*

Die Bülbüls bilden eine recht einheitliche Familie staren- bis drosselgroßer Sperlingsvögel. Sie werden wegen ihres weichen Gefieders und ihrer haarähnlich verlängerten Nackenfedern auch Haarvögel genannt. Man unterscheidet etwa 30 Gattungen mit knapp 120 Arten. Bülbüls sind in den Tropen und Subtropen Asiens und in Afrika verbreitet. Das Vorkommen einiger Arten grenzt bis an den Mittelmeerraum Nordafrikas und Kleinasiens. Ihr ursprünglicher Lebensraum sind baum- und buschbestandene Areale, Dschungel und dichte Wälder, in Afrika auch Baumsavannen und Oasen. Vielfach haben sich Bülbüls eng dem Menschen angeschlossen. Außerhalb der Brutzeit leben sie in kleineren Trupps, die oft aus verschiedenen Bülbülarten und anderen Vögeln zusammengesetzt sein können. Sie sind ausgesprochene Fruchtfresser, Insekten spielen in ihrer Nahrung (abgesehen von der Aufzuchtzeit) eine untergeordnete Rolle.
Die meisten Bülbülarten verfügen über klangvolle Rufe, aber keinen nennenswerten Gesang. Ausnahme: Der Gelbscheitelbülbül von Malaysia und den Großen Sunda-Inseln zählt zu den besten Singvögeln der Welt.

Rotohrbülbül
Pycnonotus jocosus (Linné, 1758)
Fotos Seite 79, Umschlagrückseite
Zeichnungen Seite 14, 49, 66

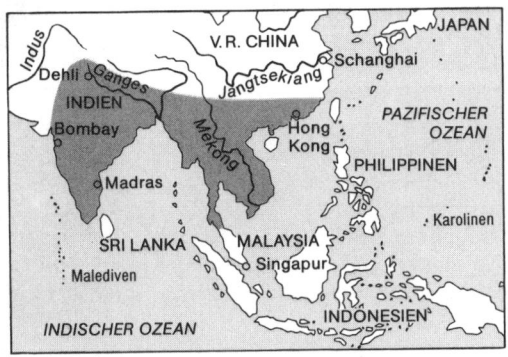

Verbreitung: Vorderindien mit Ausnahme Pakistans, Südchina, Indochina, Nordmalaysia, eingebürgert auf Mauritius, in Gebieten Australiens und in Florida (USA). Lebensraum: Urwaldränder und offenes Gelände mit gutem Baumbestand (zum Beispiel Parks, Plantagen, Gärten).

Gesamtlänge: 20 cm. Aussehen: Männchen und Weibchen weitgehend gleich gefärbt; Gefieder der Jungvögel oberseits mehr braun, am Kopf braunschwarz, der rote Ohrfleck der erwachsenen Vögel fehlt noch; die Umfärbung ins Altersgefieder erfolgt in der 8. bis 10. Lebenswoche. Verhalten: Vögel meiden dichte Wälder, leben häufig in der Nähe menschlicher Siedlungen, brüten sogar an bewachsenen Hüttenwänden und Veranden. Sehr temperamentvolle Vögel mit ausdrucksstarkem Gebaren. Stimme: Viele klangvolle, oft laute Rufe (Stimmfühlungslaute, Lock- und Warnrufe), die teilweise an den Ruf eines Pirols erinnern. Gesang des Männchens: ein leises, schwatzendes Geplauder.

Haltung
Die stattlichen Rotohrbülbüls bestechen durch ihr attraktives Aussehen wie durch ihr temperamentvolles Wesen. Sie sind ausgesprochen gesellig und sollten unbedingt paarweise gehalten werden. Rotohrbülbüls können – zumindest außerhalb der Brutzeit – mit anderen gleichgroßen Vogelarten vergesellschaftet werden. Auf keinen Fall dürfen Sie verpaarte Bülbüls – und dies gilt für jede Art – mit weiteren Bülbüls gemeinsam halten. Dies führt unweigerlich zu schweren Auseinandersetzungen, die sogar tödlich enden können. Anfangs sind die Vögel sehr schreckhaft und scheu und erfordern große Geduld und Einfühlungsvermögen. Sie sind vor allem dann zu empfehlen, wenn Sie schon Erfahrungen in der Pflege von Wildvögeln gesammelt haben. Bei guter Haltung können sie ein hohes Käfigalter (bis über 10 Jahre) erreichen.

Unterbringung: Wegen ihrer Größe und ihres stürmischen Wesens benötigen Rotohrbülbüls viel Platz. Je größer der Käfig desto besser.
Käfig: Aufgrund ihrer Schreckhaftigkeit sind Bülbüls in einem Kistenkäfig (→ Seite 12) besser aufgehoben als in einem ringsum offenen Drahtbauer. Eine Vitrine ist nicht geeignet, da sie sich nur schwer an die Scheibe gewöhnen. Als Bodenbelag empfiehlt sich Katzenstreu, denn Bülbüls produzieren wegen des hohen Fruchtanteils in ihrer Nahrung entsprechende Mengen an weichem, feuchtem Kot. Nehmen Sie kein Zeitungspapier, es fliegt bei Bülbüls bald in Fetzen im Käfig umher.
Zimmervoliere: Empfehlenswerter als ein Käfig, da sie dem Temperament der Bülbüls eher entgegenkommt (→ Einrichtung, Seite 14).
Freivoliere: Eine dichte Bepflanzung ist nicht nötig, denn die Vögel haben keine versteckte Lebensweise und halten sich vor allem lärmend im oberen Volierendrittel auf. Die widerstandsfähigen Rotohrbülbüls sind nach entsprechender Eingewöhnung gegen niedrige Temperatu-

ren unempfindlich und können den größten Teil des Jahres draußen verbringen. Wenn sie Zugang zu einem frostfreien, leicht temperierten Schutzraum haben, können sie auch ganzjährig in einer Freivoliere gehalten werden (→ Seite 29).

Fütterung: Rotohrbülbüls sind problemlose Gemischtköstler, die einen hohen Obst- und Beerenanteil im Futter lieben. Eine große Freude können Sie ihnen mit frischen Feigen machen, die in der freien Natur ein wesentlicher Bestandteil ihrer Nahrung sind. Süße Weintrauben und Rosinen sind ebenfalls willkommene Leckerbissen. Daneben sollten sie täglich ein Insektenfuttergemisch, zum Beispiel ein Honigfutter (→ Seite 35), erhalten. Für lebende Maden und Würmer haben Rotohrbülbüls oft nicht sehr viel übrig, gerne verzehren sie aber fliegende Insekten, die sie mit großem Geschick erbeuten. Für den täglichen Nektartrank sind Bülbüls immer zu haben.

Hinweis: Meine Bülbüls legen auf Insektenfertigfutter wenig Wert, nehmen aber sehr gerne Beoperlen und Kükenpreßfutter. Zeitweise fressen sie mit großem Appetit in Wasser aufgeweichte Hundeflocken, um sie dann wieder für Wochen nicht mehr anzurühren.

Wesen: Die munteren Rotohrbülbüls zeigen erst, wenn sie paarweise gehalten werden, ihr vielfältiges Verhalten. Es ist mit einem ausgeprägten Gebärdenspiel verbunden. Die spitze Haube – mal angelegt und dann wieder hoch aufgerichtet – ist ein wahres Stimmungsbarometer, und Körperhaltung sowie Flügel werden vielfach auch außerhalb der Balz in das Verständigungsritual einbezogen. Die Partner eines Paares gehen sehr liebevoll miteinander um. Sie halten sich meistens dicht beieinander auf, unternehmen ihre Streifzüge durch Voliere oder Zimmer gemeinsam und bleiben zumindest in Rufkontakt.

Stimme: Die Aktivitäten der Rotohrbülbüls werden von zahlreichen, teilweise lauten Lock-, Begrüßungs- und Revierrufen begleitet. Daneben verfügen sie über schrille Warn- und Schreckrufe. Wenn Sie geräuschempfindliche Nachbarn haben, sollten Sie gewissenhaft prüfen, ob Bülbüls die richtigen Vögel für Sie sind. Der Gesang des Männchens ist bescheiden und wird leise vorgetragen.

Zucht

Rotohrbülbüls sind schon häufig gezüchtet worden. Die Zucht gelingt vor allem in einer geräumigen Freivoliere, wo reichlich Platz für die stürmisch ablaufende Balz vorhanden ist.

Paarbildung: Eine große Schwierigkeit bei der Zucht ist es, ein wirkliches Paar zu bekommen. Männchen und Weibchen sind sich in Aussehen und Verhalten sehr ähnlich. Sogar zwei gleichgeschlechtliche Partner können sich wie ein Paar verhalten, ein Nest bauen und – sofern es Weibchen sind – sogar Eier legen, um diese dann vergeblich zu bebrüten. Sofern Sie beim Kauf eine Auswahlmöglichkeit haben, sollten Sie zwei Vögel aussuchen, die sich in der Farbe möglichst unterscheiden. Dies ist zwar kein eindeutiges Merkmal (der Unterschied kann auch alters- oder rassebedingt sein), erhöht aber die Chance, ein echtes Paar zu bekommen.

Nest: Bei der Wahl des Neststandortes sind Rotohrbülbüls nicht wählerisch. Sofern die Volierenbepflanzung keine geeigneten Nistmöglichkeiten (zum Beispiel Zweigquirle) aufweist, können Sie den Vögeln mit künstlichen Nestunterlagen den Bau eines offenen Napfnestes erleichtern. Als Nistmaterial dienen Kokosfasern, Bast, kleine Stoffstreifen, aber auch Papierfetzen, Grashalme und Blätter. Die Hauptarbeit am Nestbau übernimmt das Weibchen.

Brutpflege: Männchen und Weibchen teilen sich die Brutpflege. Gehen Sie in dieser Zeit besonders behutsam mit den Vögeln um. Meist verlassen sie ängstlich das Gelege, wenn der Pfleger die Voliere betritt, kehren aber rasch zurück, sobald er den Brutraum verlassen hat.

Es sind jedoch auch Fälle bekannt, wo Rotohrbülbüls nach einer Störung das Gelege aus dem Nest geworfen haben.

Jungenaufzucht: In der ersten Hälfte der Nestlingszeit verfüttern die Vogeleltern ausschließlich Lebendinsekten, in der zweiten Hälfte zunehmend auch Früchte.

Hinweis: Gewähren Sie Rotohrbülbüls zur Futterbeschaffung keinen Freiflug im Garten. Sie sind so auffällig, daß sie als vermeintlich entflogene Ziervögel eingefangen werden könnten.

Brutdaten

Neststandort im natürlichen Lebensraum: Sehr variabel.

Brutpflege: Männchen und Weibchen teilen sich die Brutpflege; gebrütet wird meist vom ersten Ei an, wenn auch anfangs nur zeitweise.

Gelege: 2 bis 3 Eier; Farbe: weiß-rosa mit kräftiger purpurner oder dunkelroter Sprenkelung; Eigröße: 24,4 × 16,1 mm.

Brutdauer: 12 bis 14 Tage.

Nestlingszeit: 13 bis 14 Tage.

Verwandte Arten

Weißohrbülbül

Pycnonotus leucogenys (Gray, 1835)
Foto Seite 79

Verbreitung: Von der Westküste des Persischen Golfs und Iraks bis Pakistan, Nordwestindien, Teilen Afghanistans sowie dem Himalaya und ostwärts bis Assam. Lebensraum: Sehr variabel, lebt in Himalayaregionen bis in Höhen von 2400 m; schließt sich oft eng dem Menschen an. Gesamtlänge: 20 cm. Aussehen und Wesen: Westliche Unterarten: nur angedeutete Haube; östliche Unterarten: Haube zum Teil bis zur Schnabelspitze reichend. Verhalten ähnlich wie Rotohrbülbül. Haltung: Entspricht Rotohrbülbül. Wird oft sehr zahm und kann hohes Käfigalter erreichen. Stimme: Klangvolle Rufe.

Russbülbül

Pycnonotus cafer (Linné, 1766)
Foto Seite 79

Verbreitung: Südostasien von Indien bis Südchina und Malaysia sowie auf Java, wurde auch in anderen Gegenden eingebürgert, zum Beispiel auf Sumatra, den Fidji-Inseln, Neuseeland. Zwei Unterarten-Gruppen: Tonkibülbül (= Rotsteiß- oder Kalabülbül) im westlichen und Kotilangbülbül im östlichen Verbreitungsgebiet; im Überschneidungsgebiet häufig Mischbruten. Lebensraum: Sekundärwälder, Gestrüpp, Gärten, lichte Wälder. Gesamtlänge: 18 bis 20 cm (Kotilangbülbül) beziehungsweise 20 bis 22 cm (Tonkibülbül). Aussehen und Wesen: Tonkibülbül: Gefieder meist schwärzlich, Ohrdecken braun, Unterschwanzdecken rot; Kotilangbülbül: heller, Kehle, Ohrdecken und Unterseite schmutzigweiß, Unterschwanzdecken gelb. Verhalten ähnelt dem Rotohrbülbül. Haltung: Entspricht Rotohrbülbül. Besonders Tonkibülbül oft streitsüchtig, daher Einzelunterbringung eines Paares empfehlenswert. Stimme: Melodischer Gesang.

Graubülbül

Pycnonotus capensis (Linné, 1766)
Foto Seite 79

Verbreitung: Vom Südosten der Türkei bis nach Südafrika, Unterarten in sieben Gruppen, darunter Maskenbülbül, Kapbülbül und Graubülbül. Lebensraum: Palmenhaine, buschbestandene Wadis, aber auch Ortschaften, Gärten und Obstpflanzungen. Gesamtlänge: 18 bis 20 cm. Aussehen und Wesen: Dunkel-braungraues Erscheinungsbild, Kopf und Kehle schwarz. Wesen ähnlich Rotohrbülbül. Haltung: Ähnlich Rotohrbülbül. Stimme: Gesang laut flötend, kurze Strophe.

Familie Stare *(Sturnidae)*

Die Stare sind ursprünglich in der Alten Welt beheimatet, vor allem in Afrika und Südostasien. Heute sind sie über den ganzen Erdball verbreitet, denn einige Arten wurden auch in anderen Teilen der Welt eingebürgert. So gelangte zum Beispiel der europäische Star nach Amerika, Südafrika und Neuseeland, der Hirtenmaina aus Südostasien nach Australien und Südafrika und der Haubenmaina aus Indochina nach Britisch-Kolumbien in Kanada. Die Familie der Stare wird in 42 Gattungen und 115 Arten untergliedert. Neben dem gewöhnlichen Star sind in Europa noch der Einfarbstar und der Rosenstar beheimatet.

Manche Starenarten sind sehr bunt, die überwiegende Anzahl ist jedoch eher dunkel gefärbt, mit zum Teil metallisch schimmerndem Gefieder. Viele haben einen schreitenden oder watschelnden Gang. Die meisten Stare sind sehr gesellig und brüten nicht selten in Kolonien. Sie sind überwiegend Höhlenbrüter. Ein wesentlicher Teil ihrer Nahrung besteht aus Früchten, obwohl sie zumeist Allesfresser sind. Während der Erntezeit ziehen sie in riesigen Schwärmen umher und stiften in Obst- und Weinkulturen erheblichen Schaden, andererseits sind sie zur Brutzeit eifrige Vertilger von Schadinsekten.

Stare verfügen über ein großes stimmliches Repertoire. Neben Pfeif-, Schnalz- und Krächzlauten besitzen viele die Fähigkeit, Stimmen und andere Geräusche nachzuahmen.

Eine ganze Reihe von Staren eignet sich gut für die Pflege in menschlicher Obhut, sollte allerdings – schon wegen der Größe der Vögel – in einer Voliere gehalten werden. In ihren Haltungs- und Pflegeansprüchen gleichen die Arten einander. Wegen ihrer großen Gesellichkeit können sie gut mit ihresgleichen oder anderen, gleichgroßen Vögeln gehalten werden.

Beo
Gracula religiosa (Linné, 1758)
Fotos Seite 17, Umschlagrückseite
Zeichnungen Seite 9, 65

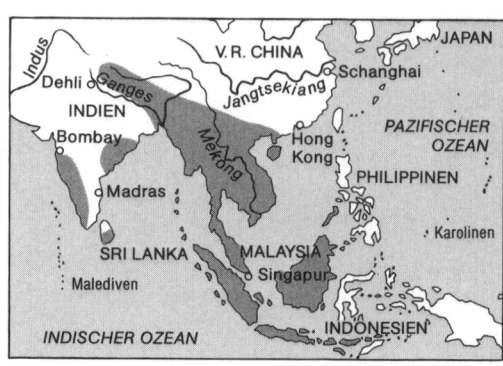

Verbreitung: Gebietsweise in Ostindien, im Himalayagebiet von Kumaon bis Südchina, von Hinterindien bis Malaysia und auf vielen südostasiatischen Inseln; eingebürgert auf der Weihnachtsinsel und auf Oahu auf Hawaii. Mehrere Unterarten, einschließlich Mittelbeo *(Gracula religiosa intermedia)* und Großer Beo *(Gracula religiosa religiosa)*. Lebensraum: Baumwipfel am Rande dichter Wälder oder an Lichtungen; häufig in früchtetragenden Feigenbäumen, gelegentlich in beerentragenden Büschen, selten auf dem Boden.

Gesamtlänge: Etwa 30 cm (Mittelbeo), 30 bis 35 cm (Großer Beo). Aussehen: Beim Mittelbeo sind die Hautlappen unterhalb des Auges und des Nackens verbunden, beim Großen Beo nicht. Geschlechter sind nicht zu unterscheiden. Jungvögel: Gefieder ist vor der ersten Mauser matter, besitzt nicht den metallischen Glanz der Altvögel. Verhalten: Außerhalb der Brutzeit in kleinen Trupps von 5 bis 6 Vögeln lebend, gelegentlich in Gemeinschaften von hundert und mehr (auch anderen großen

Fruchtfressern) in früchtetragenden Feigenbäumen; Hauptnahrung: Früchte und Beeren, vor allem wilde Feigen, daneben Nektar und Insekten; fängt Termiten im Flug; schläft einzeln oder paarweise in dicht belaubten Zweigen oder in Baumhöhlen; Paarzusammenhalt währt zeitlebens.

Haltung

Das Nachahmungstalent des Beos steht dem von Papageien in nichts nach. Der Beo ist ein überaus geselliger, aber kein pflegeleichter Stubengenosse. Er frißt viel und produziert große Mengen an weichem, schnell übelriechendem Kot. Er braucht dringend den ständigen Umgang mit Artgenossen oder ersatzweise mit Menschen. Berufstätige, die tagsüber nicht zuhause sind, sollten sich daher keinen einzelnen Beo anschaffen.

Unterbringung: Größe und Bewegungsdrang der Beos müssen bei ihrer Unterbringung berücksichtigt werden.

Käfig: Da der Beo nicht gerade die besten Tischmanieren hat und seine Futterbrocken weit umherschleudert, ist es sinnvoll, ihn in einem Kistenkäfig (→ Seite 12) unterzubringen. Einen Drahtkäfig oder eine Zimmervoliere sollten Sie zur Wand hin mit einer Plastikfolie abdecken oder die Wand hinter Käfig oder Voliere mit einer abwaschbaren Tapete verkleiden. Der Käfig sollte eine Mindestlänge von 80 cm aufweisen, damit der Vogel ausreichend Platz zum Hüpfen hat. Die Gitterstäbe eines Beokäfigs sind kräftiger als die eines Käfigs für Kleinvögel und stehen weiter auseinander. Achten Sie darauf, daß der Vogel den Kopf nicht hindurchstecken kann.

Ausstattung: Futter- und Wassernäpfe müssen einen festen Standort haben, damit der kräftige Vogel sie nicht im Käfig umherschleudern kann. Gut geeignet sind solche für Papageien, die ins Gitter gehängt werden können. Die Näpfe müssen von der Sitzstange aus gut zu erreichen sein, dürfen aber nicht so stehen, daß Kot hineinfallen kann. Der Durchmesser der Sitzstangen muß so bemessen sein, daß die Krallen sie nicht ganz umfassen. Auch für Beofüße sind Naturäste geeigneter als Hartholzstangen. Halten Sie die Zahl der Äste beschränkt, damit der Beo im Käfig mehr Bewegungsfreiheit hat. Einen verzweigten Ast werden Sie deshalb leider in einem Käfig nicht unterbringen können. Als Ausgleich sollten Sie Ihrem Beo einen Kletterbaum in der Nähe des Käfigs aufstellen, den er beim Freiflug im Zimmer aufsuchen kann. Der Beokäfig muß unbedingt eine Schublade haben, da der Bodenbelag wegen der reichlichen, feuchten Ausscheidungen täglich gewechselt werden muß. Zeitungspapier ist die preiswerteste Lösung. Katzenstreu besitzt eine große Saugfähigkeit, staubt aber sehr. Sie sollte nur dann verwendet werden, wenn die Schublade durch ein Gitter vom übrigen Käfig abgetrennt ist.

Zimmervoliere: Wenn Sie nicht genügend Zeit haben, sich mit Ihrem Beo viel zu beschäftigen, sollten Sie ihn besser in einer Voliere unterbringen. Dort kann er zumindest eine kleine Strecke fliegen und findet einige Beschäftigungsmöglichkeiten. Für die Ausstattung gelten die gleichen Grundsätze wie bei Käfighaltung.

Freivoliere: In den Sommermonaten können Beos gut in einer Freivoliere auf Balkon, Terrasse oder im Garten untergebracht werden, was ihrem natürlichen Bewegungsdrang entgegenkommt. Bei Volierenhaltung sollten Sie erwägen, Ihren Beo mit einem Artgenossen zu vergesellschaften. Auch bei paarweiser Haltung bleiben Beos zutraulich, wenn auch nicht ganz so zahm wie bei Einzelhaltung.

Bademöglichkeiten: Beos sind wüste Planscher und baden für ihr Leben gern (→ Zeichnung, Seite 9). Füllen Sie dem Vogel beim Freiflug im Zimmer einen Blumentopfuntersetzer aus Ton (etwa 20 cm Durchmesser) mit Wasser. Stellen

Sie ihn auf den Fußboden aber nicht zu dicht an die Möbel, sonst werden sie bespritzt. Wenn Ihr Beo handzahm ist, sollten Sie ihn daran gewöhnen, im Waschbecken zu baden; hier kann er, bis zum Bauch im Wasser stehend, nach Herzenslust planschen.

Schlafplatz: Viele Beos schlafen gern in einer Höhle. Stellen Sie Ihrem Beo einen Schlafkasten (Ausmaße 20 x 20 x 20 cm) zur Verfügung. Das Einflugloch muß groß genug sein. Der Kasten sollte bei Käfighaltung aus Platzgründen außerhalb des Käfigs angebracht sein, bei Volierenhaltung ist dies nicht nötig.

Fütterung: Beos sind Allesfresser, die einen überwiegenden Fruchtanteil (Beeren und Obst) in der Nahrung brauchen. Daneben benötigen sie tierisches Eiweiß (Mehlwürmer und andere Kleinlebewesen); weitere Eiweißquellen sind Quark, mageres Rindfleisch, Hundeflocken und Weichfressermischungen. Speziell für Beos gibt es ein trockenes Fertigfutter (Beoperlen), das die Kotmengen erheblich reduziert. Es sollte nicht ausschließlich als Alleinfutter verwendet werden, da die Verdauung der Vögel auf wasserreiche Futterstoffe eingerichtet ist. Als Zusatzfutter sind Beoperlen eine wertvolle Abrundung des Nährstoffangebots.

Eingewöhnung: Beos kommen in der Regel als Jungtiere zu uns, die in ihren Heimatländern aus den Nestern genommen und von Hand aufgezogen wurden. Dadurch zeichnen sie sich später durch große Anhänglichkeit aus. Achten Sie darauf, ob Sie einen ganz jungen oder schon einen älteren, selbständigen Vogel erhalten haben. Ein ganz junger – vielleicht sogar noch bettelnder Jungvogel – benötigt von Anfang an sehr viel Zuwendung. In den ersten Stunden im neuen Heim sollte er Ruhe zum Orientieren haben. Da er sich nicht mehr an Menschen gewöhnen muß, können Sie sich bald mit ihm befassen, ihm zusprechen und einen Leckerbissen anbieten. Wenn er ihn aus der Hand annimmt, haben Sie gewonnen. Ein älterer Vogel

wird – wie beschrieben (→ Seite 23) eingewöhnt.

Wesen: Beos sind überaus gesellig und möchten an Ihrem Leben teilnehmen. Darüber hinaus haben sie einen großen Bewegungsdrang. Der tägliche Freiflug im Zimmer sollte daher selbstverständlich sein.

Obwohl Beos sehr zahm werden können, mögen sie es nicht, gegriffen zu werden. Zahme Beos kommen auf die Hand und lassen sich mit dem Finger das Gefieder kraulen, vor allem im Kopfbereich, den der Vogel nicht mit dem eigenen Schnabel erreichen kann.

Hinweis: Sie können einen Beo erst dann frei im Zimmer fliegen lassen, wenn er zahm ist. Er sollte nicht in der besten Stube fliegen, denn er läßt große weiche Kotkleckse fallen. Sich selbst schützen Sie am besten durch einen Kittel.

Stimme: Neben ihrer Sprach- und Imitationsbegabung verfügen Beos über ein großes Repertoire an Pfiffen, Rufen und vielen anderen mehr oder weniger klangvollen Lauten. Wie bei den Papageien ist die Sprachbegabung bei den Beos recht unterschiedlich. Die größten Chancen, einen guten Sprecher zu bekommen, haben Sie, wenn Sie einen jungen Mittelbeo kaufen. Männchen und Weibchen sind gleichermaßen sprachbegabt.

Wichtig für das Sprechenlernen sind die Haltungsumstände. Ein Beo, der in einem Käfig im Zimmer mit Familienanschluß gehalten wird, lernt eher sprechen als einer in einer Voliere, zumal wenn er sich selbst überlassen bleibt. Auch Beos müssen üben, und ihre Worte werden klarer, je häufiger Sie ihnen diese vorsagen (am besten immer dieselbe Person). Wenige Worte werden schneller gelernt als viele auf einmal. Neben Worten imitieren Beos auch Vogelgesänge, gepfiffene Lieder und andere Geräusche aus der Umwelt.

Hinweis: Beos rufen nicht nur fleißig, sondern auch laut. Wenn Sie die Vögel in einer hellhörigen Wohnung oder in einer Freivoliere halten wollen, sind Sie auf tolerante Nachbarn angewiesen.

Zucht

Die Zucht von Beos ist bislang selten gelungen. Das mag daran liegen, daß die Geschlechter äußerlich nicht zu unterscheiden sind, und es daher schwer ist, ein wirkliches Paar zu erhalten. Möglicherweise liegt es auch daran, daß die handaufgezogenen und menschengeprägten Beos nicht zu einer ordnungsgemäßen Paarbildung fähig sind.

Nest: Eine Zucht ist nur in einer geräumigen Voliere möglich. Als Höhlenbrüter benötigen Beos zum Nestbau einen Kasten mit ausreichend großem Einflugloch; auch handelsübliche Nistkästen aus Holzbeton (für Hohltauben oder Turmfalken) sind geeignet oder ein ausgehöhlter Naturstamm. Wichtig ist, daß der Kasten eine Klappe hat, durch die Sie jederzeit Zugang zum Nest haben. Als Nistmaterial dienen dünne Zweige, Federn, Heu, Stroh.

Jungenaufzucht: Zur Aufzucht werden neben dem üblichen Futter hauptsächlich Lebendinsekten benötigt – in den ersten Lebenstagen der Jungen vor allem kleine (frischgehäutete Mehlwürmer, Ameisenpuppen), später auch solche bis zur Größe ausgewachsener Grillen.

Brutdaten

Neststandort im natürlichen Lebensraum: 10 bis 15 m über dem Erdboden in Baumhöhlen (alten Spechthöhlen). Zum Teil brüten mehrere Paare in benachbarten Höhlen in einem Baum.
Brutpflege: Nestbau und Brutpflege werden von beiden Partnern gemeinsam betrieben.
Gelege: 2 bis 3 Eier; Farbe: türkisblau, rot- oder dunkelbraun gesprenkelt; Eigröße: 36,2 × 25,6 mm.
Brutzeit: Etwa 15 Tage.
Nestlingszeit: Etwa 28 Tage.

Verwandte Arten

Pagodenstar
(Pagodenmaina)
Temenuchus pagodarum (Gmelin, 1789)
Fotos Umschlagseite 3, Umschlagrückseite

Verbreitung: Von Ost-Afghanistan über Nepal und Indien bis Sri Lanka. Lebensraum: Lichte Wälder, offene Baumlandschaften, oft in der Nähe menschlicher Siedlungen. Gesamtlänge: 20 cm. Aussehen und Wesen: Geschlechter gleichgefärbt, Haube des Weibchens kleiner; Jungtiere ähnlich gefärbt aber dunkler, keine Haube. Außerhalb der Brutzeit in kleineren Trupps oder größeren Schwärmen lebend, oft vergesellschaftet mit anderen Frucht- und Nektarfressern auf der Suche nach frucht- und blütentragenden Bäumen. Übernachtung mit anderen Vögeln in belaubten Bäumen.
Haltung: Besser für Volieren- als für Käfighaltung geeignet. Kann nach Eingewöhnung ganzjährig in Freivoliere leben (→ Voraussetzungen, Seite 29). Futter: Grobes Weichfresserfutter, reichlich Obst und Insekten, ferner Nektartrank, Quark, Hundefutter, Fleisch. Für Übernachtung und Brutgeschäft: Große, halboffene Nistkästen. Zucht oft gelungen, jedoch Paarzusammenstellung wegen Ähnlichkeit der Geschlechter schwierig. Aufzuchtfutter Mehlwürmer, Grillen, Maden. Stimme: Krächzende und pfeifende Laute, Gesang melodisch mit Imitationen anderer Vogelstimmen.

Prachtglanzstar
Lamprotornis splendidus (Vieillot, 1822)
Foto Seite 17

Verbreitung: In weiten Teilen Afrikas von Senegal und Uganda im Norden bis Angola und

Sambia im Süden. Lebensraum: Wälder mit früchtetragenden Bäumen (wie Feigen). Gesamtlänge: 25 cm. Aussehen und Wesen: Sehr große Starenart. Geschlechter gleichgefärbt; Jungtiere ähnlich, aber matter, kaum metallischer Glanz. Sehr gesellig. Haltung: Entspricht Pagodenstar. Ist kälteempfindlicher; benötigt früchtereiches Weichfutter. Stimme: Krähenähnlicher Ruf und pfeifende Töne.

Dreifarbenglanzstar
Lamprospreo superbus (Rüppell, 1845)
Foto Seite 17

Verbreitung: Mittleres Ostafrika vom südöstlichen Sudan und Süd-Äthiopien bis Südwest-Tansania. Lebensraum: Akazien- und Dornbuschsavannen, auch in Nachbarschaft menschlicher Siedlungen. Gesamtlänge: 20 cm. Aussehen und Wesen: Geschlechter gleichgefärbt; Jungtiere matter. Haltung: Entspricht Pagodenstar. Zucht oft gelungen; Vögel sind zur Brutzeit sehr streitsüchtig, in dieser Zeit nur paarweise Haltung. Stimme: Schwatzende, pfeifende und zwitschernde Töne; Imitationen anderer Vogelstimmen.

Hirtenmaina
(Hirtenstar, Trauermaina)
Acridotheres tristis (Linné, 1766)

Verbreitung: Von Afghanistan bis Malaysia und Indochina, im Himalayagebiet, in Indien und auf Sri Lanka und den Andamanen-Inseln. In vielen Teilen der Erde eingebürgert. Lebensraum: In seinem Verbreitungsgebiet eine der häufigsten Vogelarten. Anpassungsfähig, in vielen Lebensräumen zuhause (offenes Gelände, Kulturlandschaft, Viehweiden, Gärten, Städte), vielfach eng dem Menschen angeschlossen. Streift außerhalb der Brutzeit in Trupps oder auch in riesigen Schwärmen umher, zum Teil mit anderen Arten vergesellschaftet. Gesamtlänge: 22 cm. Aussehen und Wesen: Kopf und Brust schwarz, Unterseite und Rücken dunkel rötlich-braun, Handschwingen schwarz mit weißem Flügelfleck, Schwanz oberseits braun-schwarz, Unterschwanzdecken weiß. Der Schnabel, ein nackter Hautbezirk unterhalb des Auges und die Füße sind gelb. Die Geschlechter sind gleichgefärbt. Haltung: Wie Pagodenstar. Stimme: Vielfältige Rufe und Gesänge; lernen auch, einige Worte nachzusprechen.

Kronenatzel
(Goldschopf-Beo)
Ampeliceps coronatus (Blyth, 1842)

Verbreitung: Von Nordost-Indien und Bangladesch bis Thailand und Indochina. Lebensraum: Wälder, in denen er sich paarweise oder in kleinen Trupps überwiegend im Wipfelbereich aufhält. Gesamtlänge: 21 cm. Aussehen und Wesen: Ähnlich einem kleinen Beo, jedoch ohne gelbe Hautlappen am Kopf. Grundgefieder schwarzglänzend; Oberkopf, Zügel und Kehle sind gelb; das Stirngefieder bildet eine kleine Haube. Partie um das Auge unbefiedert, gelb-orange. Im Bereich der äußeren Handschwingen ein gelber und auf den inneren Handschwingen ein weißer Flügelfleck. Füße orange-gelb, Schnabel gelb, an der Basis grau. Das Weibchen sieht dem Männchen ähnlich, das Gelb am Kopf ist jedoch weniger ausgedehnt, Zügel und Bartpartie sind schwarz. Haltung: Einzeln gehaltene Kronenatzeln werden bald zutraulich; paarweise Haltung in einer Voliere ist artgemäßer, Paarzusammenstellung wegen des unregelmäßigen Angebots im Zoofachhandel aber schwierig. Haltung sonst wie bei Beo. Stimme: Abwechslungsreiche Rufe und Pfiffe, ähnlich wie Beo.

Adressen und Literatur

Adressen, die weiterhelfen

Vereinigungen

In Liebhabervereinigungen können Sie Erfahrungen austauschen und Anregungen sammeln. Die Mitglieder unterstützen einander bei der Beschaffung von Materialien oder Vögeln und vergleichen ihre Züchtungen in jährlichen Schauwettbewerben. Viele Vereine sind darüber hinaus aktiv im Vogel-, Natur- und Umweltschutz engagiert.

Arbeitskreis der Kolibrifreunde e. V. (Vereinigung von Liebhabern der Kolibris und anderer nektarivorer Vögel.)
Kontaktadresse: Horst Brandt, Am Schwalbenwinkel 3, D-3007 Gehrden 1.

AZ – Vereinigung für Artenschutz, Vogelhaltung und Vogelzucht e. V.
Sitz Mosbach. Geschäftsstelle: Helmut Uebele, Untere Au 30, D 7150 Backnang
Zeitschrift: AZ-Nachrichten

BNA – Bundesverband für fachgerechten Natur- und Artenschutz e. V.
Geschäftsführung: Wilhelm-Ruppert-Straße 20, D-5000 Köln 90.

Estrilda – Interessengemeinschaft für Haltung und Zucht exotischer Kleinvögel
Geschäftsstelle: Südring 47, D-6453 Seligenstadt.

Exotis – Schweizerische Vereinigung für Zucht und Pflege exotischer Vögel
Kontaktadresse: Erika Rusterholz, Bachserstraße, CH 8173 Neerach
Zeitschrift: Gefiederter Freund

ÖKB – Österreichischer Kanarien- und Vogelliebhaberbund
Kontaktadresse: Gerald Bründl, Freistädter Straße 13, A-4040 Linz

Parus – Fachabteilung Vogelzucht und Vogelhaltung
Kontaktadresse: Ernst Zimmermann, Allmendstraße 19, CH-2540 Grenchen

Fragen zur Tierhaltung beantworten:
Ihr Zoofachhändler

Zentralverband Zoologischer Fachbetriebe Deutschlands e. V., Rheinstraße 35, D-6070 Langen, Telefon (0 61 03) 2 30 95

Ihr Tierarzt

Literatur

Aeckerlein, Wolfgang: *Die Ernährung des Vogels*. Eugen Ulmer Verlag, Stuttgart, 1986
Ali, Salim; Ripley, S. Dillon: *Handbook of the Birds of India and Pakistan*. Oxford University Press, Delhi, Oxford, New York, 1983
Ammann, Dieter; Schneider, Hans-Joachim: *Beobachtungen bei der Brut des Hardwicksblattvogels (Chloropsis hardwickii)*. Die Gefiederte Welt, Heft 110, 1986, Seite 154–157
Baars, Wolfgang: *Insektenfresser*. Eugen Ulmer Verlag, Suttgart, 1981
Baars, Wolfgang: *Fruchtfresser und Blütenbesucher*. Eugen Ulmer Verlag, Stuttgart, 1986
Bähr, Rudolf: *Nachzucht beim Goldstirnblattvogel*. Die Gefiederte Welt, Heft 104, 1980, Seite 81–82 und Seite 105–106
Bähr, Rudolf: *Weitere Einzelheiten über die Goldstirnblattvogel-Zucht*. Die Gefiederte Welt, Heft 106, 1982, Seite 148–149

Delpy, Karl-Herbert: *Volieren*. Lehrmeister-Bücherei Nr. 1074. Albrecht Philler Verlag, Minden, 1986

Dost, Helmut: *Die Schamadrossel*. Die Gefiederte Welt, Sonderheft. Verlag Gottfried Helène, Pfungstadt, 1960

Ebert, Uta: *Vogelkrankheiten – Zier- und Wildvögel*. M. & H. Schaper Verlag, Hannover, 1984

Friederich, Ursel; Volland, Werner: *Futtertierzucht – Lebendfutter für Vivarientiere*. Eugen Ulmer Verlag, Stuttgart, 1981

v. Frisch, Otto: *Der Beo – Alles über Anschaffung, Eingewöhnung, Ernährung und Krankheiten*. Gräfe und Unzer Verlag, München, [4]1986

Gabrisch, Karl; Zwart, Peernel (Hrsg.): *Krankheiten der Heimtiere*. Schlütersche Verlagsanstalt und Druckerei, Hannover, 1984

Grzimek, Bernhard (Hrsg.): *Grzimeks Tierleben,* Band 9, Vögel 3. Kindler Verlag, Zürich, 1970

Hachfeld, Bernd: *Asiatische Timalien – ihre Biologie, Haltung und Pflege*. Die Voliere, Heft 1, 1978, Seite 51–54

Hachfeld, Bernd: *Bülbüls (Pycnonotidae) – ihre Biologie und Haltung in Gefangenschaft*. Die Voliere, Heft 3, 1980, Seite 158–161

Hachfeld, Bernd: *Der Rotbauchniltava*. Die Voliere, Heft 3, 1984, Seite 271

Jahn, Johannes: *Lebendfutter für Aquarien- und Terrarientiere sowie Vögel*. Lehrmeister-Bücherei Nr. 17. Albrecht Philler Verlag, Minden, 1984

Kaal, Dtrs. G. Th. F.: *Geschlechtsmerkmale bei Vögeln*. M. & H. Schaper Verlag, Hannover, 1982

Kemna, Alwin: *Krankheiten der Stubenvögel. Hinweise zur Vorbeugung und Behandlung*. Lehrmeister-Bücherei Nr. 973. Albrecht Philler Verlag, Minden, 1986

Kneutgen, Johannes: »*Musikalische*« *Formen im Gesang der Schamadrossel (Kittacincla macroura Gm.) und ihre Funktionen*. Journal für Ornithologie, Heft 110, Seite 245–285

Kraus, Kurz: *Ergebnisse der Haltung von Blattvögeln (Chloropsis-Arten)*. Die Gefiederte Welt, Heft 103, 1979, Seite 182–185, Seite 211–214 und Seite 232–236

Kraus, Kurt: *Ergebnisse der Haltung von Blattvögeln (Chloropsis-Arten)*. Die Gefiederte Welt, Heft 104, 1980, Seite 11–13, Seite 23–25 und Seite 45–46

Kraus, Kurt: *Der Goldstirnblattvogel (Chloropsis aurifrons Temm.)*. Trochilus, Heft 4, 1983, Seite 98–101

Kraus, Kurt: *Bülbüls (Pycnonotidae) – Biologie und Haltung*. Trochilus, Heft 5, 1984, Seite 5–19

Kronberger, Harry: *Haltung von Vögeln – Krankheiten der Vögel*. VEB Gustav Fischer Verlag, Jena, 1973

Krüger, Michael: *3 Jahre Mittelbeo*. AZ-Nachrichten, Heft 34, 1987, Seite 24–27

Lachner, Rolf: *Indien – Ceylon neu entdeckt. Reise in die schönsten Großwild- und Vogelreservate*. Südwest Verlag, München, 1973

Mees, G. F.: *A systematic review of the Indo-Australian Zosteropidae*. Zool. Verhandelingen, Leiden, Nr. 35, 1957; Nr. 50, 1961; Nr. 102, 1969

Neunzig, Karl: *Die fremdländischen Stubenvögel*. Nachdruck der Ausgabe von 1921. Asher & Co. Verlag, Amsterdam, 1965

Nicolai, Jürgen: *Zucht und Jugendentwicklung der Schamadrossel*. Die Gefiederte Welt, Heft 78, 1954, Seite 22–25, Seite 92–93, Seite 116–118, Seite 155–158 und Seite 176–178

Nicolai, Jürgen: *Vogelhaltung – Vogelpflege*. Kosmos-Vivarium. Franckh'sche Verlagshandlung, Stuttgart, 1965

Nicolai, Jürgen: *Käfig- und Volierenvögel*. Kosmos-Vivarium. Franckh'sche Verlagshandlung, Stuttgart, 1965

Radicke, Frank L.: *Zur Ernährung und Nahrungsaufnahme des Indischen Brillenvogels*

Adressen und Literatur

(Zosterops palpebrosa, Temm.). Die Gefiederte Welt, Heft 101, 1977, Seite 208–211

Radicke, Frank L.: *Beiträge zum Sexualverhalten und zur Brutbiologie des Indischen Brillenvogels (Zosterops palpebrosa Temm.)*. Die Gefiederte Welt, Heft 102, 1978, Seite 204–207 und Seite 226–229

Radicke, Frank L.: *Der Indische Brillenvogel (Zosterops palpebrosus)*. Die Neue Brehm Bücherei, 572. A. Ziemsen Verlag, Wittenberg Lutherstadt, 1985

Raethel, Heinz-Sigurd: *Krankheiten der Vögel*. Kosmos-Vivarium. Franckh'sche Verlagshandlung, Stuttgart, 1984

Robiller, Franz: *Käfige und Volieren in Haus und Garten*. J. Neumann-Neudamm Verlag, Melsungen, 1983

Robiller, Franz (Hrsg.): *Lexikon der Vogelhaltung*. Landbuch Verlag, Hannover, 1986

Rutgers, A. u. a.: *Enzyklopädie für den Vogelliebhaber*. Littera Scripta Manet Verlag, Gorssel (NL)

Schuchmann, Karl-L.; Schnaible, Heinz: *Zur Biologie und Haltung von Schmätzerdrosseln*. Die Voliere, Heft 4, 1981, Seite 110–114

Schuchmann, Karl-L.: *Nektarvögel*. Albrecht Philler Verlag, Minden, 1984

Sothke, Harry: *Erkenntnisse über Haltung und Zucht des Rotohrbülbüls (Pycnonotus jocosus)*. Die Gefiederte Welt, Heft 106, 1982, Seite 28–30

Steinbacher, Joachim: *Exotische Vögel in Farbe*. Otto Maier Verlag, Ravensburg, 1965

Steinigeweg, Werner; Schielke, Heike: *Die Zucht von Gangesbrillenvögeln (Zosterops palpebrosa)*. Die Gefiederte Welt, Heft 99, 1975, Seite 102–105 und Seite 134–136

Steinigeweg, Werner: *Der Einfluß von Käfig- bzw. Volierenhaltung auf die Gefiederfarben von Gangesbrillenvögeln (Zosterops palpebrosa Temm.) und Sonnenvögeln (Leiothrix lutea Scop.)*. Der praktische Tierarzt, Heft 67, 1986, Seite 14–19

Wolters, Hans Edmund: *Die Vogelarten der Erde*. Paul Parey Verlag, Hamburg und Berlin, 1975–1982

Zeitschriften

Die Gefiederte Welt. Fachzeitschrift für Vogelliebhaber und Vogelzüchter. Eugen Ulmer Verlag, Stuttgart

Geflügel-Börse. Zeitschrift für Kleintierzüchter und Naturfreunde. Jürgens Verlag KG, Germering

Tropische Vögel (früher Trochilus). Fachzeitschrift für tropische Vögel. Biotropic Verlag GmbH, Baden-Baden

Die Voliere. Spezielle Zeitschrift für Vogelzüchter, -halter und -liebhaber. M. & H. Schaper Verlag, Alfeld

Wichtige Hinweise

In diesem Buch geht es um die Haltung und Pflege von verschiedenen Singvogelarten (Weichfressern). Obwohl diese Vögel bei guter Haltung nicht sehr krankheitsanfällig sind, sollten Sie wissen, daß einige Erreger (vor allem Salmonellen → Seite 60) auf den Menschen übertragbar sind. Wenn bei Ihnen oder Ihren Angehörigen unklare Krankheitsbilder auftreten – besonders nach dem Neukauf eines Vogels (→Seite 10) – sollten Sie den Arzt aufsuchen und ihn auf die Vogelhaltung hinweisen. Menschen, die an einer Feder- beziehungsweise Federstauballergie leiden, dürfen keine Vögel halten. Fragen Sie im Zweifelsfall vor der Anschaffung den Arzt.

Die meisten Futterinsekten sind Vorratsschädlinge und Lästlinge im menschlichen Wohnbereich. Es ist daher bei Haltung und Zucht dieser Futtertiere sorgfältig darauf zu achten, daß sie nicht entweichen können (→ Seite 41).

Arten- und Sachregister

Die **halbfett** gesetzten Seitenzahlen verweisen auf Farbfotos.
U = Umschlagseite.

Experten-Rat für die Haltung beliebter Heimtiere

Das interessiert den Tierfreund!

GU Tier-Ratgeber

Kompetent, leicht verständlich und attraktiv – die preiswerten Bücher für die artgerechte Tierhaltung mit Herz und Verstand.

GU bietet informative Ratgeber für alle Heimtiere, die häufig gehalten werden, zum Beispiel:
- Aquarienfische (Buntbarsche/Cichliden, Killifische und andere)
- Chinchillas
- Hamster
- Haus- und Nutztiere (Enten, Schafe, Ziegen)
- Hunde (Boxer, Dackel, Deutsche Schäferhunde, Pudel, Spaniels, Yorkshire-Terrier)
- Kaninchen (Angorakaninchen, Zwergkaninchen)
- Katzen (Langhaarkatzen, Perserkatzen)
- Mäuse (Rennmäuse)
- Meerschweinchen
- Ratten
- Schildkröten
- Streifenhörnchen
- Vögel (Amazonen, Beos, Graupapageien, Kakadus, Kanarienvögel, Nymphensittiche, Papageien, Prachtfinken, Sonnenvögel/Chinesische Nachtigall, Weichfresser, Wellensittiche, Unzertrennliche/Agaporniden, Zebrafinken)

Gräfe und Unzer

Arten- und Sachregister

So grünt's und blüht's am schönsten

GU Pflanzen-Ratgeber
Fachlich kompetent und bildschön zugleich. Experten-Rat für alle, die Pflanzen im Haus, auf dem Balkon und im Garten richtig pflegen wollen.

Das GU Pflanzen-Ratgeber-Programm:
- Bambus
- Begonien
- Begrünen von Haus und Balkon
- Blumensträuße selber binden
- Fuchsien
- Der Gartenteich
- Kakteen
- Kübelpflanzen
- Küchenkräuter biologisch ziehen
- Obstbäume biologisch ziehen
- Orangen, Zitronen und andere Citruspflanzen
- Orchideen
- Palmen
- Rhododendren und Azaleen
- Rosen
- Zimmer-Bonsai
- Zimmerpflanzen-Pflege

Der große GU Pflanzen-Ratgeber
So grünen und blühen sie am schönsten
Zimmerpflanzen

Der große GU Ratgeber Gartenteich

GU Gräfe und Unzer

Arten- und Sachregister

Pärchen des Pagodenstars (Pagodenmaina), *Temenuchus pagodarum*. ▷
Diese geselligen, in Indien weit verbreiteten Vögel, sollten möglichst paarweise gehalten werden.